元和食屋の料理人が教える

おおざっぱ和食

ちまき

SHUFUNOTOMOSHA

はじめに

日々、
おおざっぱだけど
おいしい和食を研究し、
作っています。

はじめまして。
ちまきです。

和食というと、手がかかって短時間ではできないし、
むずかしいと思っている方が多いと思います。
きちんとだしをとって、
肉や魚、野菜の下処理をきれいにして、
つきっきりで様子を見て……。
そんなイメージでしょうか。

でも、私の「おおざっぱ和食」は、
形式にとらわれすぎないハードルを下げた和食。

実は私、だしパック

や顆粒だし

を使っていて、
肉ははさみで切っちゃうし、

根菜の皮はむいても、面とりはしない。

それでもおいしいし、煮くずれもしないんです。

和食だからといってこだわりすぎなければ、
案外簡単なんです。
とはいえ、おいしく作るためには
コツがあります。

ちょっとひと手間かけることも必要です。
おいしくなることならやる、
やってもそんなに変わらないことならやらなくていい。
そこが私のおおざっぱなところ。
厳格な和食とは無縁な「おうち和食」です。
今回掲載したレシピには、「おいしくなるコツ」を入れました。
これまでの経験や研究を重ねて作った「おおざっぱ和食」を
皆さんに気に入っていただけるとうれしいです。

どうぞ
めしあがれ！

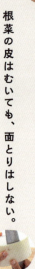

フォロワーさんの声

インスタグラムのフォロワーさんから、
「作ってみたよ」というメッセージが届きました。
その中から何人かの声をご紹介しましょう。

和風麻婆豆腐を作ってみました！

世の中の麻婆豆腐が辛すぎると思うのです。
家で作ろうとしても「なんとかジャン」と「かんとかジャン」がないとダメみたいに書かれてて、それだけで作る気がなくなります。「なんとかジャン」なんて買っても使いきれませんよね？
でも、ちまきさんの和風麻婆豆腐(p.86)は、「なんとかジャン」も「かんとかジャン」も不要です。**おうちにある材料だけでできる。辛くない！ 辛くないけどとてもおいしい。**
ちまきさんの麻婆豆腐は、作るのが「易しい和風麻婆豆腐」であり、体と舌にも「優しい麻婆豆腐」です。そして、「家計にも優しい！」。
ほかのレシピも家庭にある食材で作れるものがほとんどなので、見ているだけでも**「次はどれ作ろうかな」とわくわくが止まりません。**——K・Rさん

ゴーヤーチャンプルーがおいしくできました！

いためものに豆腐を入れると、ぐちゃぐちゃになってしまうので苦手でして……。このレシピ(p.20)はとても参考になりました。
ゴーヤーは大好きなので、ゴーヤーメイン！という感じがして、とてもおいしかったです。
自炊をするようになってから、和食を食べたいという欲がフツフツとわき上がってきているので、これからも参考にさせていただきます。——M・Yさん

さばのみそ煮を定番にします！

ちまきさん♡　いや〜、**めちゃおいしくて、わが家の定番決定です。**つけ合わせのピーマンちょっと驚き!!　これがまたおいしくて、だんな、うなりました。——I・Kさん

家族に好評のレシピ

ちまきさんのレシピは、わかりやすいし作りやすいから、献立に困ったときに使わせてもらってます。家族に好評だったのは、濃いめの肉じゃが(p.10)、小松菜の煮びたし(p.48)です。——M・Kさん

チキン南蛮、ほめられました！

チキン南蛮、もっと面倒なものと思っていたので作ったことがなくて……。ちまきさんのチキン南蛮(p.74)は揚げ焼きでできたし、タルタルも粉チーズが効いていてとってもおいしくできました。
何より、**ほとんどほめてくれない夫が、ほめて食べてくれた**のでうれしかったです。
これからもちまきさんレシピで、毎晩おいしいごはんを作ります。——N・Nさん

にんじんしりしり作りました！

にんじんしりしり(p.47)は、おしょうゆだけなのに、お酒やみりんを使ったのと同じお味でした。
きっと、最後の削り節がいい仕事しているんですね。
簡単なのにおいしい。サイコーです!! ——M・Sさん

この3品がお気に入り！

● **豚のしょうが焼き** (p.14)
たれが最高!!!　このために、りんご買ってます。娘の大好物になりました♡　月3回は作ってます。

● **やわらかチキンカツ** (p.77)
マジですぐできて、ふわっとおいしい！
手が汚れず、洗い物が少ないのも最高！
わが家では、鶏肉を買ったらまずコレ作ります。

● **トマトの塩麹サラダ** (p.54)
あと1品に最高です!!!　クリームチーズを入れてアレンジしたりと、味変もできるので、定番副菜になりました。何よりサッパリうまい！——K・Sさん

娘が大好きなおかずは……

2歳の娘が、ちまきさんのさばのみそ煮(p.12)**が大好き**で、昨日も作らせてもらいました。魚料理は、焼き魚しかできなかった自分でも、簡単に作れて家族に好評でうれしかったです。ちなみに夫は和風天津飯(p.41)が大好きです。これからも参考にさせていただきます。——M・Hさん

ちまきの和食の基本

手早くできておおざっぱな、ちまき流の和食。
でも、おいしく作るために、基本の考え方や気をつけていることはあります。
レシピを考えるときに、私がいつも気をつけていること、
必ずすることなどをご紹介しますので、
ごはんを作るときの参考にしていただければと思っています。

素材の味を生かした料理を作る

食材は、世の中に数えきれないほどあり、その食材の数だけ違う「味」があります。それぞれの味を生かすような料理を作ったら、味のバリエーションが勝手に増えていく。そんなふうに考えて、素材と向き合うように心がけています。

素材のうまみを利用して奥深い味に

すご～くおおざっぱに言うと、甘み、塩み、酸み、苦みのどれでもないけど、なんかおいしいなというのが「うまみ」。うまみの強い食材は、削り節や昆布、干ししいたけだけでなく、肉やトマト、チーズなど、いろいろあります。うまみのある食材を組み合わせると、奥深い味になります。

調味料を入れすぎない

うまみのある食材なら、その味を最大限楽しみたい。だから、調味料を入れすぎないようにしています。「味が薄くてもの足りないかも」と思うくらいでも、素材のうまみでおいしく食べられます。味の好みは人それぞれですが、少量の調味料でもおいしく食べられることを頭において調味してみてください。

足りない味はちょっとずつ足していく

調味料を入れすぎないというお話をしましたが、調味料を増やすときは、少しずつ増やしていきます。注意したいのは、全体量を増やすのではなく、甘み、塩みなど、自分が足りないと思ったものだけを少しずつ入れること。塩みなら、塩、しょうゆなど、甘みなら砂糖やみりんなど。自分が足りないと思った味を足すことで、自分好みの味に仕上がります。

おいしくなることには手をかける

この本の中にも何度か出てきますが、くさみをとる、切り方を変えるなどちょっとしたことでおいしくなるなら、手をかけることにしています。クセづけてしまえば、なんでもないことなので皆さんにおすすめしたいです。

わが家の調理器具

わが家には、和食専門店で見かけるような調理器具があれこれあるわけではありません。というより、ほとんど持っていません。いろいろなものを使うと洗うのが面倒だし、なにより置き場所に困ります。だからシンプルに必要なものだけ。もちろん、ざるや盛りつけ箸も持っていますが、私をサポートしてくれる調理器具の主力はここにあるものです。

鍋、フライパン、グリルプレートなど

小ぶりの鍋とフライパン、卵焼き器があればなんでもできます。特にフライパンはフル活用。それに、食材を入れるバットとグリルプレート。コンロの魚焼きグリルにのせて使うグリルプレートは、洗い物が減るし、焼きあがりも上々。これは便利です。

軽量スプーン、トング、キッチンばさみなど

味を決めるために、軽量スプーンは欠かせないアイテム。トングは、まぜたり盛りつけたりするのに大活躍。キッチンばさみは分解できて、洗っていつも清潔に使うことができます。シリコーンの調理スプーンも汁けのあるものをまぜたり、とても便利です。

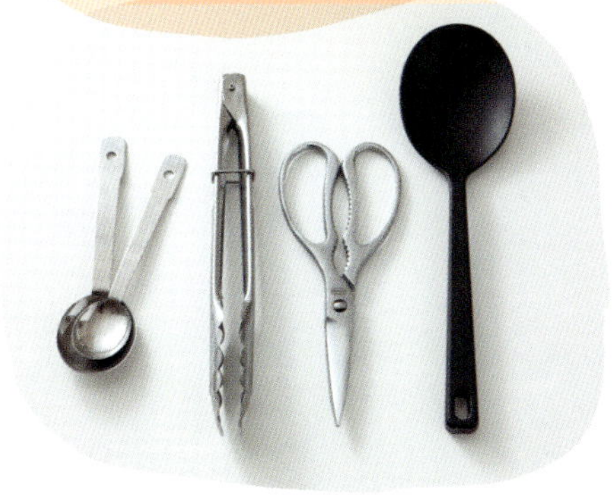

よく研いでいる包丁

包丁はちょっといいものを使っているんです。こまめに研いで、切れ味が鈍らないように気をつけています。包丁の切れ味がいいと断面がきれいだし、玉ねぎなども、あまり目にしみないで切ることができます。

元和食屋の料理人が教える

おおざっぱ和食

CONTENTS

1章 絶対マネして作りたい 人気の和食

2章 作ってみれば簡単！ 主役になる とっておき和食

3章 すぐできる 小さなおかず

4章

定番和食がもっとおいしくなるコツ、あります！

この本の使い方

- 計量単位は、小さじ1＝5mℓ、大さじ1＝15mℓです。
- 野菜は、特に指定のない場合、洗う、皮をむく、へたや種をとるなどの作業をすませてからの手順になります。
- 作り方の火加減は、特に表記のない場合、中火で調理してください。
- 材料に「だし ○mℓ」とある場合、市販の粉末だしパックを使ってとっただしです。
  塩分が添加されているものを使うときは、味をみて調整してください。
- フライパンや鍋は、フッ素樹脂加工のものを使用しています。
- 電子レンジの加熱時間は特に表記のない場合、600Wの場合の目安です
  (500Wの場合は時間を1.2倍に、700Wの場合は時間を0.8倍にしてください)。
- オーブンの焼き時間と温度は、家庭用の電気オーブンを基本にしています。機種によって多少差がありますので、
  様子を見ながら加減してください。
- トースターの加熱時間は1000Wの場合の目安です。機種によって多少差がありますので、
  様子を見ながら加減してください。

1章

絶対マネして作りたい人気の和食

インスタグラムのレシピに、いいね！をいただいた数や、
保存してくださった数が多いものの中から
上位7レシピをご紹介します。いつものおかずが
おいしくなったと言っていただけたらうれしい限りです。

人気の和食

No.1

濃いめの肉じゃが

味がしみしみ！
ごはんが進む

材料（2人分）

豚バラ薄切り肉…200g
じゃがいも（メークイン）
…小2個
にんじん…小1本
玉ねぎ…1/2個
A［しょうゆ…60mℓ
みりん…60mℓ
酒…50mℓ
砂糖…大さじ1/2
サラダ油…小さじ1

作り方

1 豚バラ肉は長さを3等分にする。じゃがいもとにんじんは一口大に切る。玉ねぎは芯をとってくし形切りにする。

2 鍋に油を引き、豚肉を色が変わるまでいためる。

3 にんじん、玉ねぎ、じゃがいもを加えて全体に油がからむよういためる。

4 Aを入れてふたをし、弱火で15分煮る。じゃがいもやにんじんに箸がすっと通ればOK。

おいしくなるコツ

鍋で豚肉、野菜をいためてから煮ることで、コクが出ます。

水は入れず、調味料のみでふたをして蒸し煮にすると、しっかりとした味つけになります。また、ふたをすることで水分が少なくてもしっかり火が通ります。

さばのみそ煮

ちょっとしたコツで
お店レベルの仕上がりに

材料（2人分）

さば…半身1枚
しょうが…2かけ
ピーマン…1個

A
- 酒…50ml
- しょうゆ…小さじ1
- みそ…大さじ2
- 砂糖…大さじ2
- 水…100ml

作り方

1 さばはキッチンペーパーで、ドリップ（身から出ている赤っぽい汁）をふきとる。半分に切り、味がしみやすいように、皮に2～3カ所ずつ切り込みを入れる。バットなどに入れ、表面がうっすら白くなるまで熱湯を回しかけ水けをふきとる。

2 しょうがの1かけは薄切りにする。もう1かけはせん切りにする。ピーマンは食べやすい大きさに切る。

3 卵焼き器や小さめのフライパン（小鍋でも可）にAを入れて煮立たせる。1のさばを入れ、アルミホイルで落としぶたをし、弱火で5分煮る。さらにしょうがの薄切りとピーマンを入れ、3分煮る。

4 さばと野菜をとり出して器に盛る。

5 強火で煮汁をとろっとするまで煮詰める。さばにかけて、しょうがのせん切りをのせる。

おいしくなるコツ

さばの表面が白くなるまで熱湯を回しかけます。熱湯で表面を固めることで、くさみがとれて煮くずれもしにくくなります。

落としぶたをすると、ふっくらと仕上がります。また、煮汁をとろっとするまで煮詰め、最後にさばにかけることで、しっかりとした味がつきます。

豚のしょうが焼き

肉がやわらかくて
ジューシー！

材料（2人分）

豚ロース薄切り肉…200g
小麦粉…少々

A
- しょうゆ…大さじ2
- みりん…大さじ2
- 砂糖…小さじ1
- おろししょうが…1かけ分
- りんご（すりおろしたもの）…1/4個分

サラダ油…小さじ1

キャベツ、ミニトマト…各適量

作り方

1 豚肉の片面に小麦粉を薄くまぶす。

2 フライパンに油を引き、中火にかける。1の豚肉を小麦粉がついたほうを下にして、1枚ずつ焼く。肉の赤い部分が少し残るくらいまで焼いたら、いったんとり出しておく。

3 フライパンの油をふきとり、まぜたAを入れて煮立たせる。肉をもどし入れ、たれを全体にからめる。

4 器に盛り、せん切りにしたキャベツとミニトマトを添える。

おいしくなるコツ

豚肉の片面に小麦粉を薄く振ってまぶします。小麦粉をまぶしてから焼くと、たれがからみやすくなります。小麦粉を振るときは、網つきカップ（p.25参照）が便利。

肉は、両面焼くとかたくなるので、小麦粉がついたほうの片面だけ焼いてとり出します。たれとからめるときに、全体に火を通します。

人気の和食 No.4

コクのあるたれがたまらない

ぶりの照り焼き

材料（2人分）

ぶり（切り身）…2切れ
塩…少々
小麦粉…少々
長ねぎ…1/2本
A
しょうゆ…大さじ2
みりん…大さじ2
オイスターソース…小さじ1
砂糖…小さじ1
サラダ油…小さじ1

作り方

1 ぶりの両面に軽く塩を振り、10分ほどおく。ぶりから出た水分をキッチンペーパーでふきとり、小麦粉を薄くまぶす。長ねぎは食べやすい長さに切る。

2 フライパンに油を引き、1のぶりと長ねぎを焼く。長ねぎは両面に色がついたタイミングでとり出す。ぶりの縁が白くなってきたら返して1分焼く。
＊ぶりは返すまで触らないこと！

3 ぶりをとり出し、フライパンの油をふきとる。まぜたAを入れて火にかけ、煮立ったらぶりをもどし入れる。フライパンをゆすりながらぶりにたれをからめる。ぶりの表面にはスプーンでたれをかける。

4 たれの泡が大きくなってとろみがついてきたら火を止める。

5 器にぶりを盛り、長ねぎを添える。フライパンに残ったたれをぶりにかける。

おいしくなるコツ

ぶりに塩を振り水分をふきとるのは、くさみをとるのと下味をつけるためです。身に軽く塩味をつけてから調理すると、内部までしっかりおいしくなります。

小麦粉を薄くまぶすと、たれがからみやすくなります。

筑前煮

鶏肉がやわらかく、干ししいたけのうまみたっぷり

材料（2人分）

鶏もも肉…300～350g
干ししいたけ…3個
れんこん…150g
ごぼう…1/2本
にんじん…150g
だし…150㎖

A
- しょうゆ…大さじ2
- みりん…大さじ2
- 砂糖…大さじ1/2

サラダ油…小さじ1

作り方

1 干ししいたけは水（100㎖・材料外）につけてもどし、軸をとって半分に切る（もどし汁はとっておく）。鶏もも肉は筋を切って（p.74参照）一口大に切り、両面に軽く塩（材料外）を振る。

2 れんこん、ごぼう、にんじんは一口大の乱切りにし、5分ほど下ゆでする。

3 フライパンに油を引き、鶏肉を色が変わるまで両面焼く。2を加え、全体に油がまわるようにさっといためる。

4 3にだしとA、干ししいたけをもどし汁ごと加え、落としぶたをして弱火で10分煮る。鶏肉をとり出し、中火にして煮汁を煮詰める。

5 煮汁が少なくなってきたら鶏肉をもどし、煮汁を全体にからめる。

6 器に盛り、フライパンに残った煮汁をかける。お好みでゆでたさやえんどうを斜め半分に切って飾る。

おいしくなるコツ

下ゆでするのは面倒と思われるかもしれませんが、「急がば回れ」です。根菜がやわらかくなり、味も入りやすくなります。

鶏肉を入れたまま煮詰めると身がかたくなるため、とり出します。かたくても気にならない方は、とり出さずに煮詰めても大丈夫です。

ゴーヤーチャンプルー

豆腐ナシでも
食べごたえあり！

材料（2人分）

ゴーヤー…1本
豚バラ薄切り肉…150g
卵…2個
塩、こしょう…各少々
和風だしの素（顆粒）
…小さじ1/2
しょうゆ…小さじ1
削り節…好きなだけ
サラダ油…小さじ1

作り方

1 ゴーヤーは縦半分に切ってから薄切りにする。塩小さじ1/4（分量外）をもみ込み5分おいたら水分を手でしぼる。豚肉は食べやすい大きさに切る。卵はといておく。

2 フライパンに油の半量を引き、1の卵を流し入れる。箸で大きくまぜ、半熟になったら火を止めて一度とり出す。フライパンはさっと洗う。

3 フライパンに残りの油を引き、1の豚肉を入れて塩、こしょうをし、色が変わるまでいためる。1のゴーヤーを加え、1分ほどいため、だしの素としょうゆを入れてさっとまぜる。

4 火を止めて2の卵と削り節を入れ、さっとまぜて器に盛る。

おいしくなるコツ

ゴーヤーを塩でもみ、水分をしぼると、ゴーヤーの苦みがやわらぎます。

卵だけをいためていったんとり出しておくと、卵がふんわりとした仕上がりになります。

肉豆腐

豆腐にしっかり
味がしみて
おいしさ倍増

材料（2人分）

牛切り落とし肉…150g
木綿豆腐…1丁（300g）
長ねぎ…1本
結び糸こんにゃく…6個
（結びしらたきでもOK）
さやえんどう…8枚

A
- 水…150mℓ
- 酒…50mℓ
- しょうゆ…60mℓ
- 砂糖…大さじ2

作り方

1 長ねぎは1cm幅の斜め切りにする。豆腐は8等分に切る。牛肉は熱湯を回しかけ、表面にさっと火を通す。糸こんにゃくはさっと下ゆでする。

2 鍋に1の長ねぎを並べて中火にかけ、焼き色がつくまで両面焼く（油は不要）。Aとさやえんどうを加え、1分煮たらさやえんどうをとり出す。

3 1の牛肉を加え、赤い部分がなくなるまで煮たらとり出す。

4 豆腐と糸こんにゃくを入れてクッキングシート（アルミホイルでもOK）で落としぶたをし、弱火で10分煮る。落としぶたをとり、牛肉をもどし入れ、温まったら火を止める。

5 器に4を盛り、2のさやえんどうを斜め切りにしてのせ、煮汁を回しかける。

おいしくなるコツ

牛肉を湯通しすることで余分な脂をとり、脂っぽくなりすぎるのを防ぎます。

牛肉の赤い部分がなくなったらすぐにとり出すことで、牛肉がかたくなりすぎるのを防ぎます。

Column 1

ママは大忙し！でも時短でおいしい料理を

「時短」と「おいしい」を両立させたい！

フルタイムで働くワーママの私は、毎日電車で職場に通っています。3歳の娘を保育園に迎えに行って帰ってくると、ママと遊びたい時間。でも、ごはんのしたくがあるので、娘が幼児番組に集中している20分ほどで、料理をしています。

時短をしようとすれば、下処理などを省いて料理することもできますが、できるだけおいしいものを食べてほしいから、手を抜けるところは抜いて、「これだけは」ということにだけ手をかける。そんなふうにしながら時短しています。

ここにあるものは、皆さんもしていることだと思いますが、私がしていることをいくつかご紹介します。

1 買い物時間を短く

インスタで料理を紹介しているので、食材の買い物は、週1回というわけにはいきません。だから、買い物には娘を連れていかずに自分だけでパパッと。また、通販で食材を調達することもあります。

2 切る、むくなどはササッと

使う食材が多いと、切ったり皮をむいたりするのに時間がかかりますよね。私は、肉は買ってきたトレーの上ではさみで切ります。包丁やまな板を洗って消毒するなどの手間がいりません。また、調理器具は少し高くても切れ味にこだわっています。

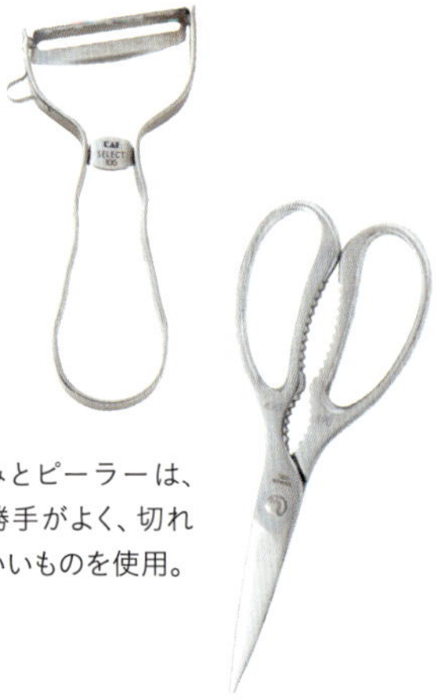

はさみとピーラーは、使い勝手がよく、切れ味のいいものを使用。

3 100円ショップのグッズを活用

便利でいつも使っているのがこの2つ。計量スプーンは薄いので、曲げて使うことができます。具や鍋のへりが邪魔になったら、曲げると使いやすい！ カップのほうは網がついていて、小麦粉を振るのに超便利。茶こしなどを使ったあとに洗う手間が省けます。

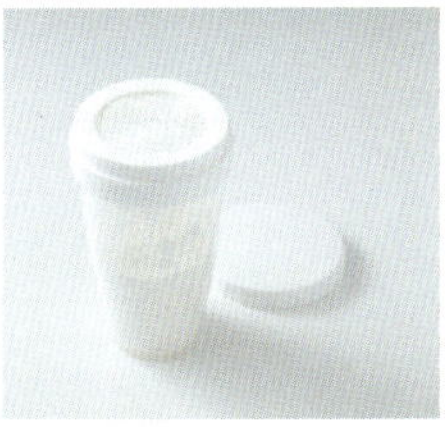

キャップがついているので、小麦粉を入れてそのまま保存できます。

のばしても曲げても使っています。やりすぎると折れてしまいますが……。

4 煮る、焼くの間にもう一品

料理を煮たり焼いたりしている間にもう一品作れないか考えます。煮る時間が長ければ、いためものをすることもできますし、短ければ切ってまぜるだけのものができます。汁物を作るときは具だくさんにして、汁物兼おかずと考え、もう一品メインの料理だけにすることも。

切ってまぜるだけの料理もよく考えています。これは「アボカドのクリチみそ」(p.46参照)。

煮物や焼き魚をほったらかしにしている間にあと一品。

5 なんでもトングとフライパンで

トングは、具をしっかりつかめるので、焼くときも盛りつけをするときも使っています。また、フライパンは底の面積が広く、すぐに火が通るので、ちょっとの煮込みや焼き物、揚げ焼きなど、なんでもフライパンで。鍋をあれこれ使い分けなくてもいいし、洗うのもラク。

トングでとり出すだけでなく、まぜたりいためたりも。

6 たくさん作って作りおき

副菜は、たくさん作って作りおきにします。メインを作るだけで、副菜は作りおきということも多々あります。作りおきのポイントは、保存容器をアルコールでふいておくことと、清潔な箸でとり出すことです。

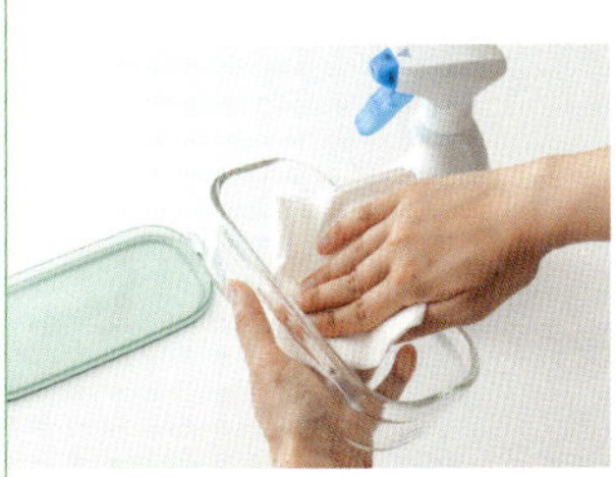

キッチン用アルコール除菌をスプレーしてキッチンペーパーでふきます。

7 食洗器を味方に

キッチンが狭めなんですが、どうしてもほしかったのが食洗器。コンパクトタイプを設置しています。

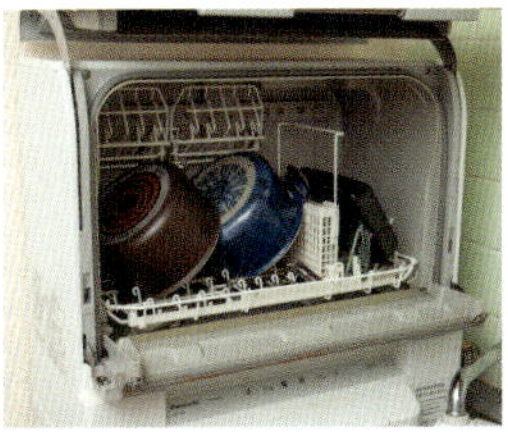

これがあるおかげで気分的にもラクになるし、助かっています。

Column 2

だしとうまみのある食材でおいしく

うまみのある食材をどんどん使おう

和食といえば「だし」が決め手……ですが、おおざっぱ和食では、市販のだしパックやだしの素を使っています。私のレシピの中には、市販のだしとほかの調味料やうまみのある食材を合わせておいしくなるように考えたものが多くあります。うまみのある食材を入れると、本当にひと味違うので、ぜひ皆さんも入れてみてください。私が使っているだしの素や、よく使ううまみのある食材をご紹介します。

ちまき家基本のだし

粉末のパック入りのだしと顆粒だしを使用。パック入りのものは、そのまま入れちゃうことも多いです。パックはだしを多く使う料理に、ちょっとだしが必要なときは顆粒だしを使っています。だしについてはp.44も参照。

料理に合わせて使うもの

だし入りのつゆはとても便利。めんを食べるときだけでなく、和風のいため煮などに。白だしは茶碗蒸しやだし巻き卵、あえものなどに。昆布は日高昆布で、おでんなどに使ってうまみをプラス。調味料についてはp.44も参照。

うまみの出る野菜やきのこ類

だしを入れなくても、うまみのある野菜でおいしく食べられます。いためた玉ねぎはもちろんのこと、ごぼうやアスパラガスも野菜そのものにうまみがあります。きのこ類は、ちょっと入れるだけでおいしいだしが出るので、常備しておくのがおすすめです。

肉や魚介類のうまみを利用

肉や魚介類から出るうまみは、料理のコクを増してくれるので、だしにプラスしたおいしさを味わうことができますし、だしを入れなくてもおいしく食べることもできます。特に魚の缶詰は、うまみがたくさん出ている汁を捨てずに使うといいですよ。

2章

作ってみれば簡単！主役になる とっておき和食

和食をおいしく作るのは
むずかしいと思っている方も多いと思います。
でも、そんなことはありません。
簡単にできてしかもおいしい、
主役になれるおかずをご紹介します。

豚肉の和風あんかけ

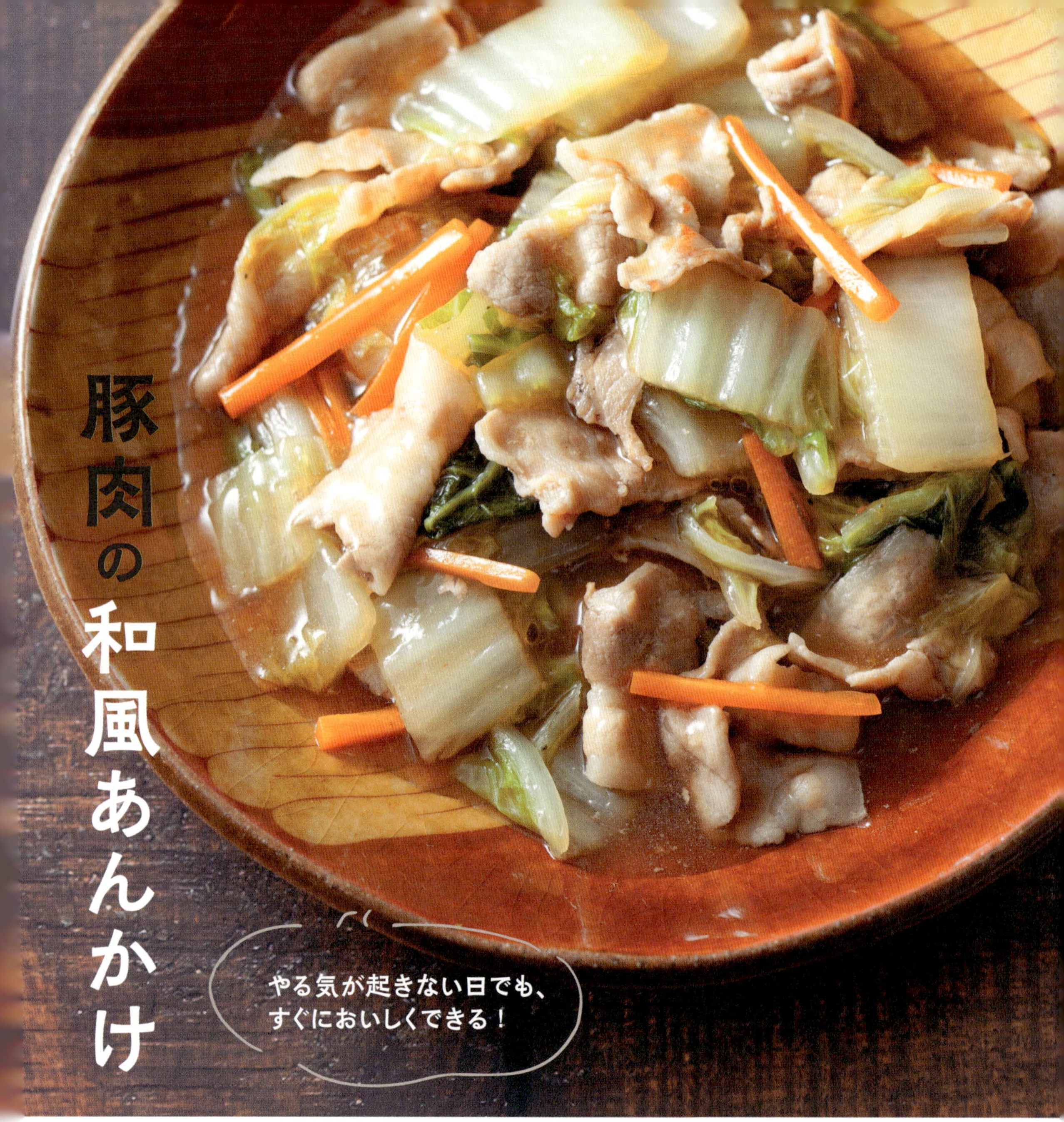

やる気が起きない日でも、
すぐにおいしくできる！

材料（2人分）

豚バラ薄切り肉…150g
白菜…1/8個
にんじん…30g

A
- 和風だしの素（顆粒）…小さじ1/2
- みりん…大さじ2
- しょうゆ…大さじ2（味見して薄いと感じたら大さじ1/2追加してね）
- 砂糖…小さじ1
- 水…200mℓ

かたくり粉…大さじ1（同量の水でとく）
サラダ油…小さじ1

作り方

1 豚肉は一口大に切る。白菜は1cm幅に切る（長ければ長さを半分に切る）。にんじんは細切りにする。

2 フライパンに油を引き、豚肉をいためる。肉の色が変わったら白菜とにんじんを加え、さっとまぜる。

3 Aを加えてふたをし、弱火で5分煮る。

4 ふたをあけて火を止め、水どきかたくり粉を回し入れる。再度火にかけ、全体をまぜてとろみをつける。

おいしくなるコツ

ごはんにかけて和風あんかけ丼にしてもおいしい、簡単で肉も野菜もとれる一品です。疲れているときにも作れるように最低限の具にしましたが、気力があればきのこ類やたけのこ、えびなどを追加してみてください。

塩麹ローストポーク

材料（作りやすい分量）

豚肩ロース肉（ブロック）…500g

A
- 塩麹…35g
- おろしにんにく…小さじ1
- オリーブ油…大さじ1

サラダ油…小さじ1
リーフレタス、ミニトマト…各適量

おいしくなるコツ

肉が冷えたまま焼くと生焼けの原因になるので、焼く前に冷蔵庫からとり出して常温にしてください。焼きあがったときに分厚い部分を竹串で刺し、透明な肉汁が出たら火が通った証拠です。

作り方

1 豚肉は何カ所かフォークで刺す。食品保存用袋に豚肉とAを入れ、もみ込んだら袋のまま冷蔵庫に一晩おく。

2 焼く30分前に1を冷蔵庫からとり出し、常温にしておく。フライパンに油を引き、豚肉についた調味料を軽くふいて全体をさっと焼いて焼き色をつける。

3 天板にアルミホイルを敷き、2をのせて160℃に予熱しておいたオーブンで40分焼く。

4 オーブンから出したらすぐにアルミホイルで全体を包み、15分ほど余熱で火を通す。

5 薄く切って器に盛り、リーフレタスとミニトマトを添える。お好みでわさびをつけて食べる。

むずかしくないのに、手がこんだ料理に見える！

豚とキャベツの蒸ししゃぶ

10分でできる
超ラクうまレシピ

材料（2人分）

豚ロース薄切り肉
（しゃぶしゃぶ用）…200g
キャベツ…1/4個
水…100mℓ
酒…30mℓ

A
- しょうゆ…小さじ1
- みりん…大さじ2
- みそ…大さじ2
- 砂糖…大さじ1
- すり白ごま…大さじ2

作り方

1. キャベツは芯をとってざく切りにする
2. フライパンに水を入れ、その上にくしゃくしゃにしたクッキングシート（またはアルミホイル）を敷く。
   *安全上、フライパンからはみ出ないサイズにしてください。
3. 2の上にキャベツ、豚肉を並べて酒を全体に振りかける。
4. 強めの中火にかけ、煮立ったらふたをして3～5分ほど蒸す。Aをまぜ合わせてごまみそだれを作る。
5. 豚肉の色が変わったらすぐに火を止める
6. 豚肉とキャベツを器に盛り、ごまみそだれを添える。

おいしくなるコツ

豚肉は加熱しすぎるとかたくなるので、3分から様子を見るのをおすすめします。肉の色が変わったらすぐに火を止めて。キャベツをもう少し加熱したい場合は、肉を一度とり出してから再加熱してください。キャベツがやわらかい春に特におすすめのレシピです。

おいしい煮物が
あっという間に完成！

豚バラと小松菜のさっと煮

材料（2人分）

豚バラ薄切り肉…200g
小松菜…1/2束
だし…400㎖
しょうゆ…大さじ2
大根おろし…好きなだけ

作り方

1 豚肉は食べやすい大きさに切る。小松菜は5㎝長さに切る。

2 鍋にだしを入れて中火にかける。煮立ったら1の小松菜の茎の部分を入れて1分煮る。さらに葉の部分を加えてもう1分煮る。

3 しょうゆを回し入れる。豚肉を入れ、アクをとりながら2〜3分煮る。

4 肉に火が通ったら器に盛り、大根おろしを添え、お好みでしょうゆ（分量外）をかける。

おいしくなるコツ

常夜鍋という、豚肉と青菜の鍋をもっと手軽な煮物にしました。小松菜の代わりにほうれんそうでもおいしいですが、ほうれんそうはアクが強いので、さっとでゆでてから入れてください。

一晩つけて味が
しみしみの肉を焼くだけ！

豚肉のみそ漬け焼き

材料（2人分）

豚肩ロース厚切り肉…2枚（厚さ1㎝、1枚約100g）

A［みそ…大さじ2
　酒…大さじ2
　砂糖…20g

サラダ油…小さじ1
キャベツ、トマト…各適量

作り方

1 豚肉は筋を切り、両面をたたく。Aをまぜ合わせて両面に塗り、食品保存用袋に入れて冷蔵庫に一晩おく。

2 豚肉を袋から出し、表面についたみそだれをふきとる。

3 油を引いたフライパンに2を並べ、表面に焼き色がつくまで焼く。
＊焦げやすいので注意。

4 返したら弱火で2〜3分焼く。押してみて、弾力を感じたら焼きあがり。
＊火の通りが心配な方は、肉のいちばん厚い部分を切って、赤い部分がなければ大丈夫。

5 器に盛り、せん切りにしたキャベツとくし形切りのトマトを添える。

おいしくなるコツ

みそにつけ込むことで肉がやわらかくなりますが、焼きすぎるとかたくなってしまいます。表面に焼き色をつけたあとは、弱火にすると肉がやわらかく焼けます。

手羽元とじゃがいものみそバター煮

材料（2人分）

手羽元…8本
じゃがいも（メークイン）
…2個
玉ねぎ…1/2個
みそ…大さじ2
バター…10g

作り方

1 手羽元は軽く塩（材料外）を振る。玉ねぎはくし形切り、じゃがいもは一口大に切る。

2 鍋に手羽元、玉ねぎを敷き詰め、かぶるくらいの水（材料外）を入れる。中火にかけて煮立ったら弱火にしてふたをし、10分煮る。

3 じゃがいもを加え、みそをとく。再びふたをして弱火で10分ほど煮る（じゃがいもにすっと箸が通ればOK）。

4 火を止め、バターを加えてまぜながらとかす。お好みで糸とうがらしをのせる。

おいしくなるコツ

骨つきの肉は弱火でじっくり煮ると、鶏のうまみが煮汁に出ておいしくなります。煮ている間に骨から出る赤い液体は血ではなく骨の中の骨髄液です。加熱を続けて茶色くかたまれば、食べても問題ありません。

鶏もも肉の利休焼き

材料（2人分）

鶏もも肉 …300g

A［酒、しょうゆ、みりん…各大さじ2
　 ねり白ごま…大さじ2

にんじん …3㎝
すり白ごま …少々
サラダ油 …小さじ1

作り方

1 鶏肉は、脂肪と筋をとり除き、繊維を断ち切るように浅い切り込みを入れる（p.74おいしくなるコツ参照）。ポリ袋に鶏肉とまぜたAを入れてもみ、冷蔵庫に入れて一晩おく。

2 にんじんは皮をむいて5㎜厚さの輪切りにする。

3 鶏肉を袋からとり出し、汁けを切る。フライパンに油を引いて中火にかけ、皮を下にした鶏肉とにんじんを入れる。焼き色がつくまで1分ほど焼く。

4 鶏肉とにんじんを返し、ごく弱火で10分ほど焼く。

5 鶏肉を食べやすい大きさに切って器に盛り、にんじんを添え、すり白ごまを振る。

おいしくなるコツ

つけ焼きは焦げやすいので、弱火でじっくり焼くのがコツ。
ねりごま大さじ2は、すりごま大さじ2＋ごま油小さじ2で代用することもできますが、ねりごまのコクは格別なので、ふだん使わないという方もよかったら試してみてください。

超簡単なのに本格派

鮭の柚子しょうゆ焼き

材料（2人分）

生鮭（切り身）…2切れ
柚子の皮（せん切り）…大さじ1

A
- 酒…大さじ1
- みりん…大さじ1
- しょうゆ…大さじ1

作り方

1 ポリ袋に鮭、柚子の皮、Aを入れて冷蔵庫に3時間以上おく。

2 1の汁けを切り、魚焼きグリルで7～8分焼く。

3 器に盛り、柚子（分量外）を飾る。

おいしくなるコツ

たれにつけた魚は表面が焦げやすいので、フライパンより魚焼きグリルプレート（p.5参照）をおすすめします。途中、表面の焦げが気になったら、上にアルミホイルをかぶせてください。

たらと相性抜群の
ねぎみそで
料亭の味！

たらのねぎみそ焼き

材料（2人分）

真だら（切り身）…2切れ
長ねぎ…5㎝

A
- みりん…大さじ1
- みそ…大さじ1
- 砂糖…小さじ2

青じそ（せん切り）…2枚分

作り方

1 たらは両面に軽く塩（材料外）を振り、10分おいて水分をキッチンペーパーでふきとる。

2 長ねぎをみじん切りにし、Aとまぜ合わせる。

3 たらを魚焼きグリルで5分焼く。

4 グリルをあけ、たらに2を塗ってもう3分焼く。

5 器に盛り、青じそをのせる。

おいしくなるコツ

たらはくさみの強い魚なので、塩でくさみをとります。それでもくさみが気になる場合は1のあと、酒をひたしたキッチンペーパーをたらにかぶせ、5分おいてください。

鮭のオイスターソース煮

材料（2人分）

生鮭（切り身）…2切れ

A
- 酒…50㎖
- しょうゆ…大さじ2
- 砂糖…小さじ2½
- オイスターソース…小さじ2

作り方

1 小さめのフライパン（または鍋）にAを入れてまぜる。

2 1に鮭を入れて中火にかけ、煮汁を鮭に回しかけながら煮る。煮立ったら弱火にしてクッキングシート（2〜3カ所に穴をあけたもの）で落としぶたをし、3分煮る。

3 鮭を器に盛り、フライパンに残った煮汁をかける。お好みで小松菜のおひたしなどの青物を添える。

オイスターソースで
コクを出し、
ちゃっちゃと仕上げる

おいしくなるコツ

鮭は煮汁が冷たい状態から入れて火にかけると、全体を均一に加熱でき、やわらかく仕上がります。もし鮭のくさみが気になる場合は、鮭に熱湯を回しかけてから煮てください。

高野豆腐の肉巻き

材料（2人分）

高野豆腐…3枚（約50g）
豚バラ薄切り肉…200g（9枚程度）
小麦粉…少々

A［だし…100㎖
　しょうゆ…小さじ2

B［しょうゆ、みりん…各大さじ1
　砂糖…小さじ1

サラダ油…小さじ1

作り方

1 高野豆腐はパッケージに記載の方法でもどす。水けをしぼったら3等分に切る。
2 ボウルにAを入れてまぜ、1をひたして下味をつける。
3 2に豚バラ肉を巻き、表面に小麦粉を薄くまぶす。
4 フライパンに油を引き、3の巻き終わりを下にして入れて、色がつくまで焼く。裏面や側面も色がつくまで焼く。
5 4のフライパンにBを入れて、煮詰まるまで全体にからめる。
6 器に盛り、お好みでくし形切りにしたトマトとフリルレタスを添える。

かむごとに
味わい深い

おいしくなるコツ

高野豆腐は水でもどしたら軽くしぼり、下味のだしじょうゆをしみ込ませると、肉を巻いている面だけでなく中までしっかり味がしみておいしくなります。

しっとりやわらか
あっさり仕立て

豆腐ハンバーグ

材料（4個分）

鶏ひき肉…200g
木綿豆腐…200g
卵黄…1個分
塩…小さじ1/2
水…50mℓ

A
- しょうゆ…大さじ1
- みりん…大さじ2
- 和風だしの素（顆粒）…少々
- 水…100mℓ

B
- かたくり粉…大さじ1/2（同量の水でとく）

サラダ油…大さじ1

作り方

1 豆腐は前の晩からキッチンペーパーに包み、重しをして冷蔵庫に入れ、水けを切っておく。

2 ボウルに鶏ひき肉、1、卵黄、塩を入れ、豆腐をつぶしながらしっかりまぜる。4等分してそれぞれ楕円形に整える。

3 フライパンに油を熱し、2を入れて表面を焼く。片面に焼き色がついたら返し、水を加えてふたをして弱火で8分蒸し焼きにする。

4 鍋にAを入れて火にかける。煮立ったら、Bを加えてとろみをつける。

5 器にお好みで青じそを敷いて3を盛り、4をかけ、お好みで大根おろしをのせる。

おいしくなるコツ

鶏ひき肉はもも肉：むね肉=1：1か、全部もも肉を使用してください。豆腐はなるべく細かくつぶしたほうが鶏肉と一体化しておいしくなります。

豆腐が主役の
ヘルシーな一品

豆腐ステーキ

材料（2人分）

木綿豆腐…1丁（300g）
おろしにんにく…小さじ2
しめじ…1/2パック
えのきたけ…1/2袋
バター…10g
ポン酢しょうゆ…大さじ2
フリルレタス、トマト…各適量

作り方

1 豆腐は水切りして8等分に切る。豆腐の両面ににんにくを塗る。しめじとえのきたけは石づきを切り落とし、食べやすい大きさに切ってほぐす。

2 フライパンにバターを入れ、中火にかける。バターがとけたら豆腐を入れて2〜3分焼く。

3 豆腐に焼き色がついたら返し、端に寄せる。あいたスペースにしめじとえのきたけを入れていためる。

4 きのこがしんなりしてきたら、ポン酢しょうゆを豆腐に回しかける。

5 器にフリルレタスを敷き、4の豆腐、きのこの順にのせる。くし形切りにしたトマトを添える。

おいしくなるコツ

にんにくを塗って焼くことで、豆腐でも食べごたえのあるおかずになります。豆腐は水切りをして焼くと味が濃厚に。水切りは、豆腐をキッチンペーパーで包んで、500Wの電子レンジで3分加熱すればOK。

缶詰を使って
ラクラク調理！

トマトのそうめん

材料（2人分）

そうめん…150～200g
玉ねぎ…少々
ズッキーニ…少々
あらごしトマト（缶詰またはパウチタイプ）…150g

A
- しょうゆ…小さじ1
- 酢…小さじ1
- 砂糖…小さじ1½
- 鶏ガラスープの素（顆粒）…小さじ2
- 水…50mℓ
- ごま油…小さじ1

作り方

1. 玉ねぎとズッキーニは5㎜角に切る。
2. ボウルにトマトとAを入れてまぜる。
3. そうめんをゆでてざるに上げ、流水にさらす。水けをしっかり切る。
4. 3を2に入れてまぜる。
5. 器に盛り、1をのせる。

おいしくなるコツ

買ったトマト缶の酸味が強かった場合、砂糖を分量よりも少し多めに入れて味見をしながら調整してください。

夏におすすめ！
超簡単で元気モリモリ

にらそうめん

材料（2人分）

そうめん…150～200g
にら…1/2束
ツナ缶…1缶（70g）

A
- めんつゆ（濃縮2倍タイプ）…大さじ4
- 鶏ガラスープの素（顆粒）…小さじ1/2
- 水…大さじ4
- ごま油…大さじ1

作り方

1. にらは1㎝長さに切る。ボウルににら、油を切ったツナ缶、Aを入れてあえる。
2. そうめんはゆでてざるに上げ、流水にさらす。水けをしっかり切る。
3. 器に盛り、1をのせる。お好みでラー油をかける。

おいしくなるコツ

にらは小さく切ると香りが抜けやすくなるので、できるだけめんとあえる直前に切ってください。

卵とほたてのあんかけうどん

材料（2人分）

ゆでうどん…2玉
ほたて貝柱水煮缶（割り身）…1缶（65g）

A
- しょうゆ…大さじ3
- みりん…大さじ2
- 水…500㎖

かたくり粉…大さじ1½（同量の水でとく）
とき卵…2個分

作り方

1 鍋にほたて缶を汁ごと入れ、さらにAを入れて中火で煮立たせる。

2 いったん火を止め、水どきかたくり粉を入れる。まぜながら弱火で加熱し、とろみをつける。とき卵を細く流し入れる。

3 うどんをさっとゆでて器に盛る。2をかけて、お好みで三つ葉をのせる。

おいしくなるコツ

とき卵は2回に分けて入れるときれいに仕上がります。かたくり粉を入れると、とき卵がふんわり、とろみで冷めにくくなるので寒い日にもおすすめです。

まぐろと長いもの漬け丼

材料（2人分）

まぐろ（さく）…200g
長いも…120g
酒…大さじ1/2
みりん…大さじ1
しょうゆ…大さじ2
温かいごはん…茶碗2杯分

作り方

1 酒とみりんは耐熱容器に入れ、電子レンジで30秒加熱し、しょうゆと合わせる。

2 まぐろは1.5cm角に切る。1につけて冷蔵庫に入れ、3時間以上おく。

3 長いもは、まぐろと同じ大きさの角切りにする。

4 器にごはんを盛り、まぐろのつけ汁を大さじ1かける。まぐろを散らしてのせる。

5 残ったつけ汁を長いもにさっとからめ、4にバランスよくのせる。お好みでちぎった青じそをのせる。

おいしくなるコツ

調味液につけてから3時間程度で食べられますが、一晩つけるとまぐろがねっとりとした食感になり、それもまたおいしいです。

和風天津飯

材料（2人分）

しめじ…1/2パック
えのきたけ…1/4袋

A
- しょうゆ…大さじ2
- みりん…大さじ1
- オイスターソース…小さじ1
- 和風だしの素（顆粒）…小さじ1
- 水…300mℓ

かたくり粉…大さじ1（水大さじ2でとく）

B
- 卵…2個
- 牛乳…大さじ1

温かいごはん…茶碗2杯分
サラダ油…大さじ1

作り方

1. しめじ、えのきたけは石づきをとり、食べやすい大きさに切ってほぐす。
2. 鍋に1とAを入れて中火にかける。煮立ったら弱火にして5分煮る。水どきかたくり粉を入れてとろみをつける。
3. フライパンに油を引き強火で加熱し、まぜたBを流し入れる。軽くまぜながら半熟に焼く。
4. 器にごはんを丸く盛る。3をのせ、2をかける。お好みで小口切りにした万能ねぎを散らす。

おいしくなるコツ

ごはんの上にのせる卵は、油を多めに引いて強火でまぜながら半熟にするとふんわり仕上がります。多少失敗してもあんをかければ問題なし！

ほたての豆乳リゾット

材料（2人分）

ごはん…茶碗2杯分
（温かくても冷たくてもOK）
ほたて貝柱水煮缶（割り身）
…1缶（65g）
豆乳（無調整）…300mℓ
白だし…大さじ2

作り方

1 フライパンにほたて缶を汁ごと入れる。さらに豆乳とごはんを入れる。

2 中火にかけながらごはんをほぐす。

3 煮立ったら弱火にして、とろっとするまで2〜3分煮る。

4 白だしを入れてさっとまぜる。味見してもの足りなかったら塩（材料外）で味をととのえる。

5 器に盛り、お好みで刻んだ三つ葉をのせる。

おいしくなるコツ

ほたて缶は少し高いですが、うまみが非常に強いので、少ない調味料でもびっくりするほどおいしくなる和の鉄板食材です！

しらすの和風炒飯

材料（2人分）

ごはん（冷蔵したもの）…茶碗2杯分
卵…2個
しらす干し…30g

A
- 万能ねぎ（小口切り）…大さじ1
- 和風だしの素…小さじ1/2
- 塩…小さじ1/4

しょうゆ…小さじ1
サラダ油…大さじ1

作り方

1 ごはんはざるに入れて流水でほぐし、しっかり水けを切る。卵は塩少々（分量外）を入れてとく。

2 フライパンに油を引き、弱火でしらすをいためる。しらすの香りが立ってきたら1のごはんを入れて強火でいためる。

3 ごはんがぱらっとしてきたらAを入れてまぜる。全体がまざったら鍋肌からしょうゆを入れ、さらにまぜ合わせる

4 炒飯をフライパンの片側に寄せ、あいたところに1のとき卵を流し入れる。卵をいためながら炒飯とまぜ合わせる。

卵を最後に加える
パラパラ炒飯

おいしくなるコツ

ごはんをパラパラにするために、冷蔵したごはんを水でほぐすという荒業を使っています（笑）。ちゃんといためれば特に問題もないので、お試しください。また、卵を別にいためるのが面倒なので、いためながら炒飯にまぜてしまいます。

Column 3

わが家でよく使っている調味料

調味料の組み合わせを楽しんでいます

たくさん使う調味料は安く購入できるものを。味が好きで気に入っているものは、少し高価になりますが、一度使うとやめられなくて使い続けています。

特にみそはとても気に入っていますが、扱っているお店が少ないので、お取り寄せするほど！

いつも、ここにある調味料を足したり引いたりして、いかにおいしくなるかを研究するのも楽しみの一つ。家族に「おいしい！」って言われるようにがんばっています。

和食に便利なコレ！

白だしはオイシックスで購入。めんつゆ、みりん、かたくり粉は、よく使うもの。めんつゆは「正金醤油 つゆ」。料理の下味をつけるのにも使います。みりんは、くさみを消す効果もあるアルコール入りの本みりんを愛用。

いつものコレ！

しょうゆと砂糖は、どこのスーパーでもよく見かけるものです。しょうゆは多用するので、いつでもどこでも買えるコレを。砂糖は自然の風味が気に入っています。塩は、ほんのり甘い「淡路島の藻塩（茶）PREMIUM」を使用。

だしはコレ！

だしパックはマエカワテイスト製造、販売はQ's の「天然だしパック 国産 無添加」を使用。食塩が入っていないし、離乳食にも使えるので、子どもが生まれてからはこれを愛用しています。味の素の「ほんだし®」は手軽に使えて、本当にお世話になっています。昆布は日高昆布。だしについては、p.26も参照。

お気に入りのコレ！

かけしょうゆは、ミツル醤油醸造元の「生成り濃口」。わが家では、冷ややっこなどを食べるときに使っています。戸塚醸造店の「心の酢」は、まろやかで味がやわらかくなる感じでお気に入り。米麹と麦麹を合わせた五味醤油の「甲州やまごみそ」は、コクと甘みがあって香りもよくてやめられない味です。

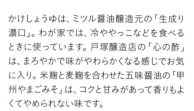

3章 すぐできる 小さなおかず

あと一品ほしいときにパパッとできるおかずは忙しいときの強い味方。うちでは、たくさん作って作りおきし、翌日も食べています。この章では、毎日食べても飽きないおかずをご用意しました。

キャベツをチンしてまぜるだけ
ほぐしチキンで
パパッともう一品

和風コールスロー

材料（2人分）

キャベツ…1/4個
ほぐしチキン（市販）…40g
マヨネーズ…大さじ2
和風だしの素（顆粒）…小さじ1/2
梅干し…2個

作り方

1 キャベツは細切りにする。耐熱容器に入れ、ふんわりラップをして電子レンジで2分加熱する。あら熱がとれたら水けをしぼる。

2 ほぐしチキン、マヨネーズ、だしの素、種をとって刻んだ梅干しを加えてまぜる。

おいしくなるコツ

味のアクセントに梅干しを入れました。料理に酸味を足したいとき、お酢の代わりに梅干しを入れるとマンネリ知らずです！

切ってあえるだけ
お酒のおつまみにも
おすすめ

アボカドのクリチみそ

材料（2人分）

アボカド…1個
クリームチーズ…大さじ2
みそ…小さじ2
砂糖…小さじ1/2〜1

作り方

1 アボカドは食べやすい大きさに切る。

2 クリームチーズとみそは耐熱容器に入れ、500Wの電子レンジで20秒加熱しまぜる。さらに砂糖を加えてまぜる。

3 1と2をやさしくあえる。器に盛り、お好みでチリパウダーを振る。

おいしくなるコツ

お使いのみそによって塩分濃度が違うので、砂糖は調整してください。
作ってから食べるまでに時間がある場合は、アボカドを切ったらレモン汁を振っておくと変色しにくくなります。

切っていためるだけ
シンプルな味つけで
にんじんの甘みが
引き立つ

にんじんしりしり

材料（2人分）

にんじん…1本
とき卵…1個分
砂糖…少々
しょうゆ…大さじ1
削り節…1パック（2g）
サラダ油…小さじ1

作り方

1 にんじんは、せん切りにする。とき卵に砂糖を加えてまぜる。

2 フライパンに油を引き、にんじんをいためる。

3 にんじんがしんなりしてきたらしょうゆを入れ、にんじんにからめる。

4 3を寄せてフライパンにスペースをつくり、1の卵を入れる。いり卵を作り、全体をまぜて火を止める。削り節を加えてさっとまぜ、器に盛る。

おいしくなるコツ

にんじんをしっかりいためると甘みが出るので、味つけがしょうゆと削り節だけでもおいしくなります。

切って煮るだけ！
すっきりした
甘さが◎

にんじんのみりんグラッセ

材料（2人分）

にんじん…1本
みりん…80mℓ
水…80mℓ

作り方

1 にんじんは7㎜幅の輪切りにする。

2 鍋ににんじんを敷き詰め、みりんと水を注ぐ。

3 中火にかけ、煮立ったら落としぶたをして弱火で20分煮る。

4 煮汁が煮詰まって照りが出てきたら完成。

おいしくなるコツ

砂糖ではなくみりんでゆっくり煮ることで、すっきりとした甘さに仕上がります。

ゆでてあえるだけ
甘酸っぱい梅の
風味でさっぱりと

小松菜の梅あえ

材料（作りやすい分量）

小松菜…1束
かまぼこ…50g
梅干し（甘めのもの）
…1個（小さめなら2個入れても）
白だし…大さじ1

作り方

1 鍋に湯を沸かし、小松菜の茎を先に入れて30秒、次に葉を入れてもう30秒ゆでる。水にとって冷まし、水けをしぼる。食べやすい長さに切る。

2 かまぼこは細切りにする。梅干しは種をとって刻む。

3 ボウルに1と2、白だしを入れてあえる。

おいしくなるコツ

梅干しを具としてではなく、味つけとして加えます。このレシピの場合は、甘めの梅干しをおすすめします。

切って煮るだけ
厚揚げで
食べごたえのある
一品に

小松菜の煮びたし

材料（作りやすい分量）

小松菜…1/2束
厚揚げ…1枚（160g）
だし…300mℓ

A
- しょうゆ…大さじ1
- みりん…大さじ1
- オイスターソース…小さじ1½

作り方

1 小松菜は5cm長さに切る。厚揚げは食べやすい大きさに切る。

2 鍋にだしと厚揚げを入れ、中火にかける。煮立ったらAを加える。

3 小松菜の茎の部分を入れて1分煮てから、葉の部分を入れてもう1分煮る。

おいしくなるコツ

厚揚げの油もうまみになるので油抜きは不要です。小松菜は少しえぐみがあるので、煮汁で直接煮る場合は少し濃いめの味にしたり、ほかの具で味をプラスしたりすると味の調和がとれます。

ゆでてあえるだけ
かめばかむほど
味わい深い

小松菜の切り干し大根あえ

材料（作りやすい分量）

小松菜…1束
切り干し大根…15g
しょうゆ…大さじ1
ごま油…大さじ1

作り方

1 切り干し大根は水でもどす。水けをしぼって食べやすい長さに切る。

2 鍋に湯を沸かし、小松菜の茎を先に入れて30秒、次に葉を入れてもう30秒ゆでる。水にとって冷まし、水けをしぼって食べやすい長さに切る。

3 ボウルに1と2、しょうゆ、ごま油を入れてあえる。

おいしくなるコツ

切り干し大根は水で表面をさっと洗ってから、ひたひたになる程度の水に20分ほどつけてもどします。しぼるときは少しずつ分けてぎゅっと！　しっかり水けをしぼってください。

ゆでてあえるだけ
おひたしに飽きたら
この味つけに！

小松菜ののりあえ

材料（作りやすい分量）

小松菜…1束
昆布茶…小さじ1
味つけのり…5枚
ごま油…大さじ1

作り方

1 鍋に湯を沸かし、小松菜の茎を先に入れて30秒、次に葉を入れてもう30秒ゆでる。水にとって冷まし、水けをしぼる。食べやすい長さに切る。

2 ボウルに1、昆布茶、細かくちぎったのり、ごま油を入れてあえる。

おいしくなるコツ

小松菜は茎と葉で火の通る時間が違うので、茎と葉に分けて切ってから時間差でゆでるとちょうどよくなります。

日本酒に合う！
ちょっぴり大人の味
蒸してまぜるだけ

菜の花のからしあえ

材料（作りやすい分量）

菜の花…1束

A
- だし…100mℓ
- みりん…大さじ2
- しょうゆ…大さじ2
- ねりがらし…小さじ1/2

作り方

1 菜の花は根元を切り、葉と茎に分かれるよう半分くらいの長さに切る。

2 蒸し器をセットし、お湯が沸いたら茎の部分を入れて2分蒸す。葉の部分を加えてさらに1〜2分蒸す。鍋からとり出し、冷風で冷ます。

3 ボウルにAを合わせる。からしは少量の調味料でといてから合わせるといい。

4 菜の花が冷めたら水けをしぼり、食べやすい長さに切り、3に10分ほどつける。

5 器に盛り、お好みで削り節をかける。

おいしくなるコツ

菜の花は蒸すと風味がよく味わえます。また、一晩おくと味が全体にしみてよりおいしくなります。蒸し器がない場合、鍋にアルミホイルを丸めたものを3〜4個入れ、その上にアルミホイルを広げたもので代用できます。

さいてまぜるだけ
お酢が苦手な方
にもおすすめ

なすのごま酢しょうゆ

材料（2人分）

なす…2本
かに風味かまぼこ…2〜3本

A
- しょうゆ…大さじ1
- 酢…大さじ1
- 砂糖…小さじ1
- 和風だしの素（顆粒）…少々
- すり白ごま…大さじ1

作り方

1 なすはへたをとり、ラップに包んで電子レンジで5分加熱する。粗熱がとれたら縦にさく。

2 かに風味かまぼこは手でほぐす。Aを合わせておく。

3 ボウルに1と2を入れてあえる。

おいしくなるコツ

お酢が苦手な場合、このレシピのようにしょうゆや砂糖など、いろいろな味を入れると食べやすくなると思います。また、できるだけおいしいお酢を選ぶのをおすすめします！

ごはんのおとも
浅漬け2種

白だしピクルス
ポリ袋に入れて一晩おくだけ

だしの風味が
野菜のうまみを
引き立てる

材料（2人分）

パプリカ（赤、黄）
…各1/2個
きゅうり …1本

A
- 白だし…大さじ4
- 酢…大さじ2
- 砂糖…小さじ2
- 水…大さじ4

作り方

1. パプリカは縦に食べやすい太さに切る。
2. きゅうりは表面のイボを包丁の背でこすってとる。縦半分に切って種をとり、パプリカに合わせて食べやすい大きさに切る。
3. ポリ袋にAと1と2を入れ、空気を抜いて口をしばり冷蔵庫で一晩おく。

おいしくなるコツ

きゅうりは種を除くと食感がよく、日持ちもします。面倒なら普通に切るだけでもOK。白だしがメインのピクルスなので、お酢が苦手な人でも食べやすいです。

なすの浅漬け
切ってあえるだけ

材料（2人分）

なす…2本
みょうが…1本
塩…小さじ1/4
しょうゆ…小さじ1/2
酢…小さじ1/2

あえたら
すぐに
食べられる

作り方

1. なすはヘタとおしりの先の部分を切り落とす。縦半分に切ってから斜め薄切りにする。みょうがは縦半分に切って薄切りにする。
2. ポリ袋になすと塩を入れてもみ、5分おく。水分をしぼる。
3. ボウルに、2としょうゆと酢を入れてあえる。
4. 器に盛り、みょうがをのせる。お好みで削り節をのせる。

おいしくなるコツ

つけ込み不要の浅漬けです。時間をおくとなすの色が悪くなるので、できるだけその日のうちにお召し上がりください。

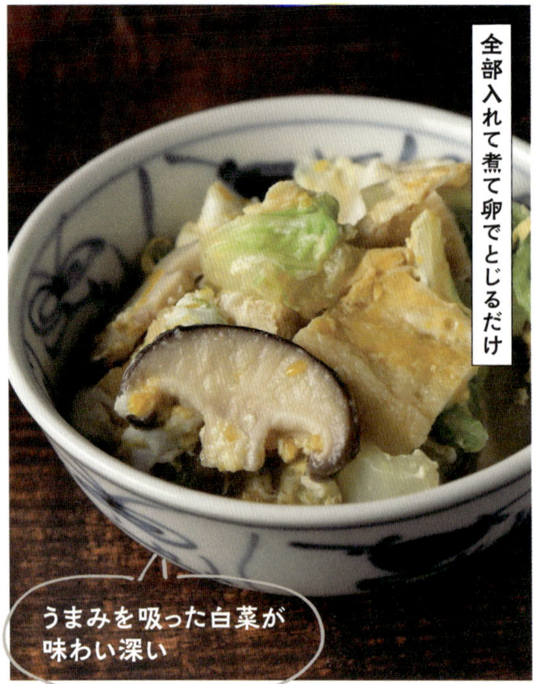
全部入れて煮て卵でとじるだけ
うまみを吸った白菜が
味わい深い

白菜の卵とじ

材料（2人分）

白菜…1/8個
しいたけ…2個
油揚げ…1枚
しょうゆ…大さじ1
みりん…大さじ2
和風だしの素（顆粒）…小さじ1/3
水…150㎖
とき卵…2個分

作り方

1 白菜は2㎝幅のざく切りにする。しいたけは軸をとって5㎜幅の薄切りにする。油揚げは横半分に切ってから2㎝幅の短冊切りにする。

2 卵以外の材料を鍋に入れて火にかける。煮立ったら弱火にしてふたをし、5分煮る。

3 とき卵を2回に分けて流し入れ、ふんわりかたまってきたら火を止める。

おいしくなるコツ

卵はよくときすぎないほうが黄色い部分と白い部分で色みや食感にニュアンスが出ます。また、2回に分けて流し入れるとふんわりします。

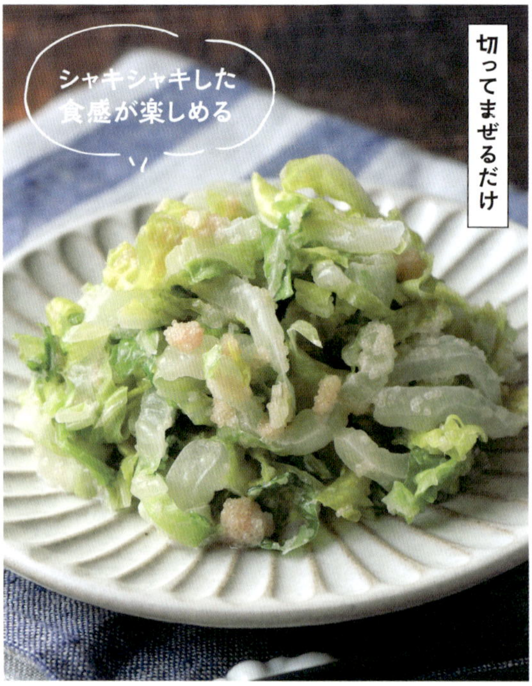
切ってまぜるだけ
シャキシャキした
食感が楽しめる

白菜の明太マヨあえ

材料（2人分）

白菜…1/8個
塩…小さじ1/2
明太子…30g

A
マヨネーズ…大さじ2
砂糖…小さじ1

作り方

1 白菜は繊維に対して垂直になるよう細切りにする。塩を振って軽くまぜ、10分ほどおく。白菜の水分をしっかりしぼる。

2 ボウルに薄皮をとった明太子とAを入れてまぜる。さらに1を加えてまぜる。

おいしくなるコツ

白菜は水分の多い野菜なので、塩でもんでから水分をしっかりしぼっておくと、調味料と合わせたときに味がぼやけずにすみます。

焼き目をつけて蒸し焼きするだけ
できたてのおいしさを
味わいたい

キャベツのステーキ

材料（2人分）

キャベツ…1/4個

A［しょうゆ…大さじ1
みりん…大さじ1
おろしにんにく…小さじ1/2

オリーブ油…大さじ1

作り方

1 キャベツは芯を残したまま縦半分に切る。

2 小鍋にオリーブ油を引き、中火で加熱する。

3 鍋底が熱くなってきたらキャベツの断面が下になるように入れる。1～2分ほど焼き色がつくまで焼く。

4 キャベツを返し、ふたをして弱火で3分蒸し焼きにする。器に盛る。

5 鍋にAを入れて中火にかける。煮立ったら火を止め、キャベツにかける。

おいしくなるコツ

表面に焼き色をつけると香ばしさがプラスされます。また、弱火で蒸し焼きにすることでキャベツの甘さが引き立ちます。

さっといためて煮るだけ
いためて素材の
うまみを引き立てる

キャベツとさつま揚げのいため煮

材料（2人分）

さつま揚げ…50g
キャベツ…1/8個
にんじん…40g

A［めんつゆ（濃縮2倍タイプ）…大さじ3
水…大さじ2

ごま油…大さじ1/2
いり白ごま…好きなだけ

作り方

1 さつま揚げとキャベツは5㎜幅に切る。にんじんは細めの短冊切りにする。

2 鍋にごま油を入れて、にんじんとさつま揚げをいためる。しんなりしたらキャベツを加えてさっとまぜる。

3 Aを入れてさっとまぜたらふたをし、弱火で2分煮る。

4 ごまを入れてまぜ、器に盛る。

おいしくなるコツ

いため煮は、具材をさっといためたらふたをして放置するだけ。失敗しにくいですし、いためものの雰囲気も味わえるのでおすすめです。

切ってあえるだけ
素材の
おいしさを味わう

トマトの塩麹サラダ

材料（2人分）

トマト…2個（300g）
玉ねぎ…1/4個

A
- 塩麹…大さじ1½
- ごま油…大さじ1/2
- おろしにんにく…小さじ1

作り方

1 トマトは8等分のくし形切りにしてからさらに横半分に切る。

2 玉ねぎはあらみじんに切ってボウルに入れ、Aをまぜ合わせる。

3 トマトを入れてさらにあえる。

おいしくなるコツ

玉ねぎの辛みが苦手な方は、切ったあと水に5〜10分程度つけると辛みがやわらぎます。つけたあとはキッチンペーパーなどで水分をふきとってください。

食欲がないときにも
おすすめ
切っておろしてあえるだけ

トマトのおろししらす

材料（2人分）

トマト…2個（300g）
大根…150g
しらす干し…20g

作り方

1 トマトは8等分のくし形切りにしてから、さらに横半分に切る。

2 大根をすりおろし、出てきた汁を捨てる（汁はしぼらない！）。

3 ボウルに1と2としらすを入れてあえる。

4 器に盛り、食べるときにしょうゆ（材料外）をかける。お好みでちぎった青じそを散らす。

おいしくなるコツ

大根おろしの水分はしぼりすぎるとうまみがなくなるので、自然に出てきた水分を捨てるくらいをおすすめします。

切ってあえるだけ
さっぱりしたあえ衣が
夏野菜にぴったり

夏野菜のヨーグルトみそあえ

材料（2人分）

きゅうり…1本
トマト…1個
プレーンヨーグルト…大さじ4
みそ…小さじ2
おろしにんにく…小さじ1/2

作り方

1 ざるの上にキッチンペーパーを敷き、ヨーグルトを入れる。ラップをして冷蔵庫で一晩おいて水を切る。

2 きゅうりは縦半分に切ってから、食べやすい大きさに手でさく。トマトは食べやすい大きさに切る。

3 ボウルに1とみそ、にんにくを入れてしっかりまぜる。きゅうりとトマトを入れてあえる。

おいしくなるコツ

ヨーグルトみそとあえてから時間をおくと、野菜から水分が出てしまうので、食べる直前にあえてください。きゅうりは、手でさかずにめん棒でたたいてもOK。

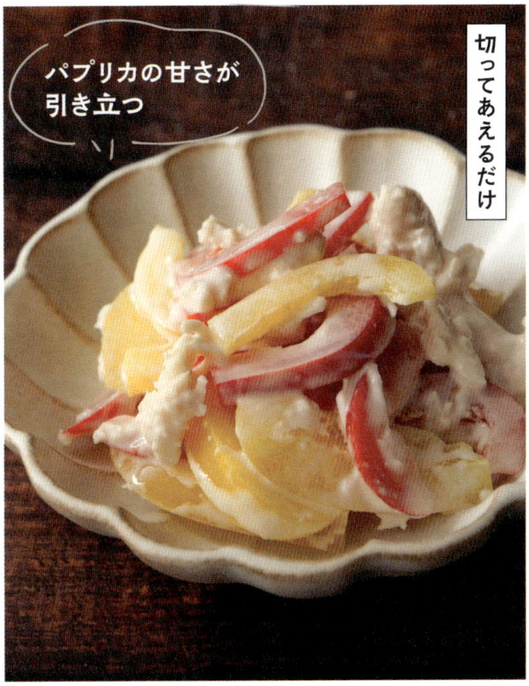
パプリカの甘さが
引き立つ
切ってあえるだけ

パプリカのだしマヨあえ

材料（2人分）

パプリカ（赤、黄）…各1/2個
ほぐしチキン（市販）…40g
マヨネーズ…大さじ2
和風だしの素（顆粒）…小さじ1/2

作り方

1 パプリカは縦半分に切ってから横半分に切り、薄切りにする。キッチンペーパーで水けをふく。

2 ボウルに1を入れ、ほぐしチキン、マヨネーズ、だしの素を加えてあえる。

おいしくなるコツ

パプリカは案外水けが多いので、マヨネーズとあえる前にしっかり水けをふきとってください。

バターの風味で
おいしさUP！
切って煮るだけ

塩バターかぼちゃ

材料（2人分）

かぼちゃ…1/4個
砂糖…大さじ3
塩…小さじ1/2
水…50mℓ
バター…10g

作り方

1 かぼちゃは食べやすい大きさに切る（切りにくいときはラップをして電子レンジで1分加熱してから切る）。

2 皮を下にして鍋底に敷き詰める。砂糖と塩を振りかけ、しっとりするまで5分ほどおく。

3 水を入れて中火にかける。煮立ったらバターを入れ、ふたをして弱火で10分蒸し煮にする。箸がすっと通れば完成。

おいしくなるコツ

鍋底にかぼちゃを敷き詰めるよう並べて弱火で煮ると、煮くずれしにくくなります。また、少ない水分で蒸し煮にすると、かぼちゃの味が引き立ちます。

電子レンジでチンしてあえるだけ
甘じょっぱい
絶妙な味

甘みそかぼちゃ

材料（2人分）

かぼちゃ…1/4個
みりん…大さじ2

A
- きなこ…大さじ1
- しょうゆ…小さじ1/2
- みそ…大さじ1
- 砂糖…大さじ1/2
- 水…大さじ1/2

作り方

1 かぼちゃは3cm角に切る。

2 耐熱容器に入れ、全体にみりんを振る。ふんわりラップをし、電子レンジで5分加熱する。

3 Aをまぜ合わせ、2とあえる。

おいしくなるコツ

みりんを振って加熱することで、ほんのり甘い下味がついて、中までおいしくなります。

水切りをしっかりするだけでうまうまに
豆腐の味が
際立つおいしさ

いり豆腐

材料（2人分）

木綿豆腐…1丁（300g）
にんじん…50g
れんこん…100g

A
- しょうゆ…大さじ2
- 酒…大さじ1
- みりん…大さじ2
- 砂糖…小さじ2

サラダ油…大さじ1

作り方

1 豆腐はキッチンペーパーで包んで、重しをのせて冷蔵庫に入れ一晩しっかり水切りする。

2 にんじんは細めの短冊切りにする。れんこんは3㎜厚さの半月切りにする。

3 フライパンに油を引き、中火にかける。豆腐を手でくずしながら入れ、焼き色がついたら一度とり出す。

4 同じフライパンでれんこんとにんじんをいためる。しんなりしてきたらAと3を入れて、水分がなくなるまでいためる。

おいしくなるコツ

豆腐をほかの具と合わせる前に焼くことで、水っぽくならず、豆腐の味をしっかり感じることができます。

アツアツのうちに
食べたい
のせて焼くだけ

みそチーズ田楽

材料（2人分）

厚揚げ…1枚（160g）

A
- みりん…大さじ1
- みそ…大さじ1
- 砂糖…小さじ1

ピザ用チーズ…好きなだけ

作り方

1 厚揚げを長方形に切る。

2 Aをまぜ合わせて厚揚げに塗る。ピザ用チーズをのせる。魚焼きグリル（またはトースター）でチーズに焼き色がつくまで焼く。

3 器に盛り、お好みで小口切りにした万能ねぎをのせる。

おいしくなるコツ

こんにゃくやなすにみそを塗ってあぶったものを「田楽」といいます。みそとチーズを合わせた変わり種の田楽に仕上げました。

切ってまぜるだけ
味がよくしみて
シャキシャキした食感

切り干し大根のねりごまあえ

材料（2人分）

切り干し大根…15g
きゅうり…1本
にんじん…100g
塩…小さじ1/4

A［ ポン酢しょうゆ…大さじ2
　　砂糖…小さじ2

ねり白ごま…大さじ2

作り方

1 切り干し大根は水でもどし、水けをしぼったら食べやすい長さに切る。

2 きゅうりとにんじんはせん切りにする。塩を振ってまぜて5分おき、水けをしぼる。

3 ボウルに**1**と**2**と**A**を入れてまぜ合わせる。

4 ねりごまを加えて全体をまぜ合わせる。

おいしくなるコツ

きゅうりとにんじんに塩を振って水けをしぼると、しんなりして食べやすくなり、あえたあとも水っぽくならずにすみます。また、ねりごまをまぜる前に**A**と野菜をまぜ合わせることで、野菜にしっかりと味がつきます。

具だくさんでボリュームアップ
相性のいい海のものを
組み合わせて

具だくさんひじき

材料（2人分）

芽ひじき…15g
にんじん…50g
ちくわ…3本
ツナ缶（油漬け）
　…1缶（70g）

A［ しょうゆ…大さじ1
　　みりん…大さじ1½
　　だし…150mℓ

サラダ油…大さじ1

作り方

1 下準備
ひじきはたっぷりの水に30分以上つけてもどし、さっと洗って水けを切る。

2 にんじんは4cm長さの細切り、ちくわは縦半分に切ってから5mm幅の斜め切りにする。

3 鍋に油を熱し、**1**と**2**、汁けを切ったツナを入れてさっといためる。

4 全体に油がまわったら**A**を入れる。弱火にして汁けがなくなるまで5分ほど煮る。

おいしくなるコツ

ひじきはツナやちくわと相性がいいので、おすすめの組み合わせです。煮るときに大豆の水煮を加えてもおいしいですし、よりボリュームのあるおかずになります。

火も電子レンジも使わない
暑い日の
ごはんはコレ！

さば缶冷や汁

材料（2人分）

さば缶（水煮）…1/2缶（95g）
きゅうり…1/2本
木綿豆腐…1/2丁（150g）
みそ…大さじ1½
みりん…大さじ1
水…150mℓ
温かいごはん…茶碗2杯分

作り方

1 きゅうりは薄切りにして少量の塩（材料外）でもみ、しんなりしてきたら水分をしぼる。

2 みょうがは縦半分に切ったあと、横にして薄切りにする。豆腐は水切りしておく。

3 ボウルにさば缶を汁ごと入れる。みそとみりんを加え、さばをフォークでつぶしながらまぜる。

4 少しずつ水を注ぎながらさらにまぜる。1を加え、豆腐を手でちぎりながら加える。食べる直前まで冷蔵庫で冷やす。

5 ごはんを器に盛り、2のみょうがをのせ、4をかける。お好みですり白ごまを散らす。

おいしくなるコツ

さば缶は汁にもうまみがたくさん含まれるので、汁ごと使うとだしがなくてもおいしく食べられます。作ってすぐに食べてもいいのですが、一度汁を冷蔵庫で冷やすと暑い日でもおいしく食べられます。

ざっくり切って煮るだけ
野菜の
甘みがだしに
出ておいしい

鶏だんごの塩麹ポトフ

材料（2人分）

鶏だんご（冷凍・市販）…200g
キャベツ…1/4個
玉ねぎ…1/2個
にんじん…1/2本
昆布…10cm
A
しょうゆ…大さじ2
みりん…大さじ2
塩麹…大さじ1
水…600mℓ

作り方

1 キャベツは縦半分に切ってから横半分に切る。玉ねぎは4等分のくし形切り、にんじんは一口大の乱切りにする。

2 鍋に1と鶏だんごを入れる。さらに昆布とAを入れて中火にかける。

3 煮立ったら昆布をとり出し、ふたをして弱火にし、にんじんがやわらかくなるまで15分ほど煮る。

おいしくなるコツ

弱火でじっくり煮るので、野菜は大きめに切ってOK！　また今回は冷凍の鶏だんご（つくねでも）でさらにお手軽に。冷凍のまま煮て大丈夫です！

いためて煮るだけ
ベーコンのコクと
白菜の甘みがたっぷり

白菜の和だしスープ

材料（2人分）

白菜…1/8個
ベーコン…40g
A［だしパック…1個
　水…400mℓ
しょうゆ…大さじ1
塩…小さじ1/4
サラダ油…小さじ1

作り方

1 白菜とベーコンは1cm幅に切る。
2 鍋に油を入れ、1のベーコンを色がつくまでいためる。
3 1の白菜を加えて全体に油がまわるようさっといためる。
4 Aを入れて煮立ったら弱火にし、ふたをして10分煮る。
5 しょうゆと塩を加えて味をととのえる。

おいしくなるコツ

いためたベーコンと白菜をだしで煮ると、食材の味がしみ出てだしにニュアンスが生まれます。

豆腐+豆乳でまるで
高級店のような味
切って煮るだけ

豆腐とキャベツの豆乳スープ

材料（2人分）

キャベツ…100g
豆乳…300mℓ
絹ごし豆腐…200g
白だし…大さじ2

作り方

1 キャベツは3cm角に切る。
2 鍋に豆乳と1を入れ、豆腐を手で大きく割って加える。
3 中火にかけ、煮立ったらごく弱火にして10分煮る（ほとんど泡立たないくらいの弱火で煮る）。
4 白だしを入れて味をととのえる。

おいしくなるコツ

豆乳は、ぼこぼこ煮立たせると分離するので、弱火でじっくりと。豆乳に豆腐を入れるの!?と思うかもしれませんが、豆乳でじっくり煮ることでまるで高級店のような深い味になります。

Column 4

野菜をおいしく食べるヒント

切り方、皮のむき方を変えると食感も変わる

野菜は、切り方によって食感を変えることができます。切る手間は変わらないので、料理や好みに合わせて、切り方を変えてみてください。特に、繊維の多い野菜は、繊維に沿って切るか、繊維を断ち切るかでシャキシャキになったりやわらかくなったりします。

1 大根の皮は厚くむく

大根の煮物やおでんを作るときは、皮をむくときに、写真の◌印のところまで、厚くむいてみてください。厚くむくことで、やわらかく味がしみやすくなり、おいしさがぐ〜んとアップ。

厚くむいた皮はもったいないので、細切りかせん切りにして、きんぴらにするとおいしいですよ。

2 切り方で食感を変える

玉ねぎ

繊維を断つ切り方

繊維を断つように切ると、風味が出やすくやわらかくなります。玉ねぎの風味を生かしたいときは、この切り方を。

繊維と平行に切る

玉ねぎの食感が残る、煮くずれしにくい切り方です。くし形切りなどにして、形を残したい煮物などにぴったり。

れんこん

繊維を断つ切り方

穴が見えるように切ると、やわらかい食感に。見た目もきれいで、煮物やちらし寿司におすすめ。

繊維と平行に切る

繊維に沿って切ると、シャキシャキの食感が増します。また、水分が出にくいので、いためものなどにおすすめです。

Column 5

同じ食材を使っていてもできる料理のマンネリ防止

味変と具材追加でまったく違う料理に

たとえば小松菜は、栄養価が高く、低価格の優秀食材です。でも、いつもおひたしばかりというわけにもいきません。そこで、小松菜で味つけを変えたものと具材をプラスして食感を変えたものを紹介したいと思います。この要領で、ほかの野菜でも応用してみてください。

1 ちょっと味変

いつもの味をちょっと変えるだけで、
別メニューのようになります。
味変といっても、まぜるだけ
なので簡単。すぐにできます。

塩→味つけのり

塩の代わりに味つけのりを使うと、のりの風味が効いた一品に（p.49小松菜ののりあえ参照）。

酢→梅干し

同じすっぱい味でも、酢を梅干しにしただけで違う料理に（p.48小松菜の梅あえ参照）。

2 具をプラス

具を足すと、別の食感とそのうまみがきいて、マンネリを防ぐことができます。
プラスする具によっては、主役級の仕上がりに。

小松菜

＋

厚揚げ

厚揚げを入れて煮びたしにし、食べごたえのある一皿のできあがり（p.48小松菜の煮びたし参照）。

＋

かまぼこ

シャキシャキした小松菜とむっちりしたかまぼこの食感を楽しめます（p.48小松菜の梅あえ参照）。

＋

切り干し大根

切り干し大根のうまみが口に広がり、かむほどにおいしい（p.49小松菜の切り干し大根あえ参照）。

4章 定番和食がもっとおいしくなるコツ、あります！

私がふだん作っているおおざっぱ和食には
ちょっとしたコツがあります。
ぱっと見は、手間がかかるように
思うかもしれませんが、実は簡単。
ぐ〜んとおいしさがアップします。
ぜひ試してみてください。

ほかが おおざっぱ でも

料理をおいしくするために欠かせないこと

私がこれまで和食を作ってきて学んだのは、おいしくするためには欠かせないひと手間があるということ。ほかの部分はおおざっぱにしても、これをする、しないでは大きな違いが出てきます。この章のレシピでもポイントとなる、私が必ずやっていることをいくつかご紹介しましょう。

やってみれば簡単なことばかり！

焼いた肉がかたく丸まってしまった、魚のくさみがとれなくておいしさが半減したなどは、よく聞く話です。私もかつて、それで失敗していました。

短時間で料理を作りたいと思うと、どうしてもひと手間かけるのがわずらわしくなってしまいます。でも、家族のおいしい笑顔を見るためには、ここでご紹介するようなひと手間が重要。たとえば、魚は出てきた水分をふきとるだけでおいしさがアップします。

やってみれば、そんなに手間でもむずかしいことでもありません。慣れたら手早くできるようになりますので、やっていない方は、できることからぜひお試しください。

ひと手間かけたら 肉、魚のおいしさアップ

1 電子レンジで解凍しない

肉や魚を電子レンジで解凍すると、どうしても解凍ムラができてしまいます。できれば、冷蔵庫での解凍をおすすめします。季節にもよりますが、冷凍庫から冷蔵庫に移して5～6時間程度です。急ぐ場合は、食品保存用袋に入れてボウルやバットに入れ、流水をかけ続けて解凍します。

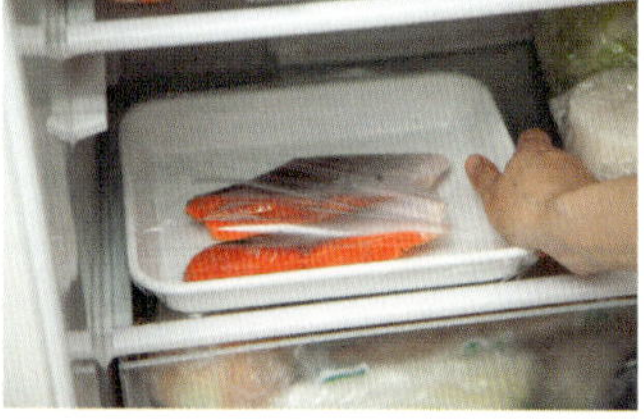

バットに入れてラップをし、冷蔵庫で解凍します。解凍したときに出る水けは、キッチンペーパーでふきとります。

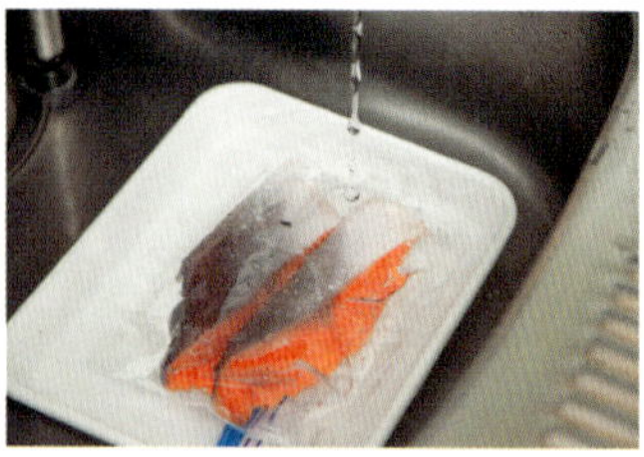

保存袋ごとバットに入れて、水を細くバットに流し続けて解凍します。水はちょろちょろと出ていればOK。ものによって解凍時間が違うので指先で触って確認を。

② 肉の下処理をする

肉をやわらかく、ジューシーに仕上げるためにおすすめしたいことがいくつかあります。使う肉や肉の部位などにもよりますが、ぜひやってみてください。また、もし肉のくさみが気になるときは、酒を振り、10分ほどおいてください。このひと手間で、安い肉もおいしくなります。

豚肉

p.31のレシピで使用する豚ロース肉は、筋を数カ所切ると肉の反り返りを防ぎ、均一に火を通すことができます。

筋を切ったら、包丁の背で肉全体をたたき、肉をやわらかくします。肉たたき専用の器具を用意しなくても、包丁の背で十分です。

鶏肉（もも）

余分な脂肪やはみ出している皮をとり除き、あれば軟骨もとり除きます（p.74おいしくなるコツ参照）。また、筋に垂直に包丁を何カ所か入れて筋を切ると、肉がやわらかくなります。

牛肉（切り落とし）

牛肉のくさみが気になるときに、おすすめの方法です。サッと熱湯をかけることでくさみや脂っぽさをとり除くことができます。

③ 魚のくさみをとる

最近の魚は、いい状態で売られているものが多いのですが、くさみが気になる方も多いと思います。焼き魚、煮魚それぞれのくさみとりをご紹介しましょう。もし、購入した時点で血や赤いドリップが出ているようならば、流水で3秒洗い、酒を振って5分おいてから水けをふきとってください。

焼き魚にするとき

魚全体に軽く塩を振って10分おき、出てきた水分をキッチンペーパーで押さえるようにふきとります。

煮魚にするとき

魚をバットに入れ、熱湯を回しかけます。表面が白っぽくなればOK。水けを切ってから使います。

④ アクをとる

面倒でもアクをとらないと、見た目も味も変わってしまいます。まとめてアクをとりたいときは、一瞬だけ強火にすると真ん中にアクが集まるので、とりやすくなります。

強火にして集まってきた肉のアクも、真ん中をすくったらこの通り、ごっそりすくうことができます。

ちらし寿司

華やかで
お祝いの席に
ぴったり！

材料（2～3人分）

*しいたけの佃煮と甘酢れんこんは
作りやすい分量。

漬けサーモン

サーモン…100g

A［しょうゆ…大さじ1
　みりん…大さじ1

しいたけの佃煮

干ししいたけ…10g

B［しょうゆ、酒…各大さじ1
　砂糖…大さじ1

甘酢れんこん

れんこん…150g

C［酢…60mℓ
　塩…小さじ1/4
　砂糖…大さじ2
　だし…100mℓ
　赤とうがらし…1/3本

錦糸卵

卵…1個
塩…少々
砂糖…小さじ1/2
サラダ油…大さじ1

酢飯

温かいごはん…茶碗2杯分

D［酢…大さじ2
　塩…小さじ1/2
　砂糖…大さじ1
　いり白ごま…大さじ1/2

青じそ…3枚
桜でんぶ…適量

作り方

1 干ししいたけは水でもどす。サーモンは1cmの角切りにし、Aにつけて2時間ほど冷蔵庫に入れておく。

2 もどしたしいたけの軸を除いて薄切りにし、小鍋に入れる。Bを入れて中火で熱し、焦がさないよう煮詰める。

3 れんこんは薄めのいちょう切りにし、沸騰したお湯で2分ゆでる。別の鍋にCを入れて中火にかける。砂糖がとけたら容器に移し、ゆでたれんこんをつける。

4 卵をといて塩、砂糖をまぜ合わせる。フライパンに油を引いて中火で熱し、温まったら卵液を注いで手早く丸く広げる。すぐに火からおろし、フライパンをぬれぶきんの上に置いてふたをして1～2分待つ。

5 卵をフライパンの端からゆっくりはがす。縦に4枚に切り重ねて細切りにする。

＊表面がかたまりきっていない場合、
ふたをしたまま再度ごく弱火で30秒～1分加熱する。

6 ごはん全体にまぜたDをかけ、手早くまぜ合わせる。あおいで粗熱をとる。

7 器にごはんを平たく盛り、円形にととのえる。1、2、3をそれぞれ散らすようにのせる。色のバランスを見ながら5とせん切りにした青じそ、桜でんぶをのせる。

おいしくなるコツ

錦糸卵にする薄焼き卵は、フライパンをぬれぶきんの上に置いてふたをし、余熱で火を通すと焼き色のないきれいな黄色に仕上がります

具も酢飯も全体的に甘めの料理なので、青じそやいりごまなど、アクセントになる具を入れると、飽きずに食べられます。

牛肉のしぐれ煮

材料（2人分）

牛切り落とし肉…150g
こんにゃく（アク抜き不要のもの）
…200g
しょうが…1かけ

A
- 酒…50mℓ
- しょうゆ…大さじ2
- みりん…大さじ2
- 砂糖…大さじ1
- 水…100mℓ

サラダ油…小さじ1

作り方

1. こんにゃくを縦半分に切って、薄切りにする。しょうがはせん切りにする。
2. 牛肉に熱湯を回しかけ、色が変わるまでおく。
3. フライパンに油を引き、こんにゃくを焼く。
4. こんにゃくの表面がちりちりしてきたら、A、1のしょうが、2を入れて5分煮る。
5. 水分が飛んで調味料をからめたら完成。

おいしくなるコツ

こんにゃくは、フライパンで表面に色がつくまで焼くと味がよくしみます。アク抜き不要のものでない場合、切ったあと沸騰したお湯でさっとゆでてくさみをとってください。

和風牛肉のステーキと玉ねぎソース

肉と玉ねぎのうまみを味わう

材料（2人分）

牛ステーキ肉…200〜300g（厚さ1cm程度）
塩、こしょう…各少々

A
- 酒…大さじ2
- しょうゆ…大さじ2
- みりん…大さじ2
- フライドオニオン（市販）…大さじ3
- おろしにんにく…小さじ1/2

サラダ油…小さじ1

作り方

1. 肉は焼く30分前には冷蔵庫から出して常温にしておく。肉のドリップをキッチンペーパーに吸わせ、両面に塩、こしょうを振る。
2. フライパンに油を引いて強火で熱し、フライパンが温まったら肉を並べる。焼き色がつくまで30秒〜1分焼く。肉を返して火を止める。
3. 食べやすい大きさに2を切り、器に盛る。
4. 肉汁の残ったフライパンにAを入れて中火にかける。フライドオニオンがやわらかくなったら火を止めて3にかける。お好みで「にんじんのみりんグラッセ」（p.47参照）やクレソンを添える。

おいしくなるコツ

フライドオニオンは水分と一緒に煮ると、いため玉ねぎのようになります。やわらかくなる前に煮詰まりそうだったら、途中で水を少し足してください。ソースが余ったら、ブロッコリーにつけて食べるとおいしいです。

アスパラと豚バラの春巻き

サックサクの歯ごたえ

材料（2人分）

グリーンアスパラガス…6～10本
豚バラ薄切り肉…アスパラと同じ枚数
春巻きの皮…アスパラと同じ枚数
塩…少々
サラダ油…適量

おいしくなるコツ

アスパラは面倒でも根元から10㎝ほど皮をむくと、どの部分もやわらかく食べられます。アスパラも豚肉もうまみの強い食材なので、塩だけでおいしく食べられます。

作り方

1 アスパラは、根元を1㎝ほど切り落とす。根元から10㎝ほどピーラーで皮をむく。

＊アスパラが太い場合（直径1㎝以上）は、まとめてラップをし、電子レンジで1分加熱する。

2 春巻きの皮をひし形になるように置き、その左右の対角線上に豚肉を1枚のせて軽く塩を振る。豚肉と同じ向きにアスパラを1本のせる。

3 左右の角を内側に折り、上下の角と角を1㎝ほどずらして三角形に折る。ずらした2辺に水（材料外）を塗り、三角形の底辺からくるくると巻いていく。巻き終わりをしっかりとめる。同様に全部巻く。

4 フライパンの表面を覆うくらいの油を入れて熱し、3の巻き終わり部分を下にして入れる。2分揚げ焼きにし、返してさらに2分揚げ焼きにする。

5 バットに4をとり、熱いうちに軽く塩を振る。半分に斜め切りして器に盛る。

白いミルフィーユ鍋

豆乳とみそで
コクのある味に

材料（2人分）

豚バラ薄切り肉…200g
白菜…300g
塩…小さじ1/4
酒…50㎖
水…100㎖
みそ…大さじ1
豆乳…150㎖
かいわれ大根…1/2パック

作り方

1 白菜は1枚ずつはがし、縦半分に切る。

2 白菜の上に豚肉を1枚ずつ広げてのせる。白菜→豚肉→白菜の順番でいちばん上が白菜になるように重ねる。5層くらいに重ねたものを材料分作り、重ねたまま5～6㎝幅に切る。

3 2の層をくずさないように、立てて土鍋に詰めていく。

4 塩、酒、水を回しかけ、中火にかける。煮立ってきたら弱火にしてふたをして10分蒸し煮にする。

5 みそに少量の豆乳を加えてとく。

6 ふたを開け、火を止めたら残りの豆乳と5を注ぐ。5が具材の上に残ったら、汁にとけ込むようにスプーンなどで押し込む。

7 弱火にして、豆乳が温まったら完成。
＊煮立てると豆乳が分離するので、沸騰する前に火を止める。

8 かいわれ大根の根元を切り落とし、半分の長さに切って7の上にのせる。

おいしくなるコツ

酒は「料理酒」ではなく「純米酒」を使うと、肉を口に入れた瞬間うまみがほわっと広がるので、ぜひお試しください。残った煮汁は、卵と少しのしょうゆを入れておじやにするとおいしいです。

濃いめの肉みそ

レタスのさっぱり味と
相性抜群

おいしくなるコツ

干ししいたけはスライスタイプでない場合、水でもどして細かく刻んでください。その場合、材料Aの水のかわりにもどし汁を使うとおいしくなります。

材料（2人分）

豚ひき肉…150g
長ねぎ…10cm
干ししいたけ（スライス）…3g

A
- しょうゆ…小さじ1
- みりん…大さじ2
- みそ…大さじ2
- 砂糖…大さじ2
- 水…100mℓ

レタス…好きなだけ
サラダ油…小さじ1

作り方

1 長ねぎはみじん切りにする。干ししいたけは乾燥したまま手で小さく折る。

2 フライパンに油を引き、弱火で1のねぎをしんなりするまでいためる。

3 豚ひき肉を加えて中火にし、ほぐしながら色が変わるまでいためる。

4 Aと1の干ししいたけを加え、汁けがなくなるまで5分ほど煮る。

5 器に盛り、レタスを添える。レタスに肉みそをのせて食べる。

しょうゆからあげ

衣はからっとして
ふんわり、
肉はやわらか
ジューシー

材料（2～3人分）

鶏もも肉…300g

A
- 酒、みりん…各大さじ1
- しょうゆ…大さじ2
- おろしにんにく、おろししょうが…各小さじ1

卵…1個
小麦粉…50g
揚げ油…適量

作り方

1 鶏肉は、余分な脂肪と身からはみ出る皮を切りとり、筋を断ち切るように全体に浅く切り込みを入れる(p.74おいしくなるコツ参照)。食べやすい大きさに切る。

2 ポリ袋に鶏肉とAを入れてもみ込み、冷蔵庫で3時間以上おく。揚げる30分前には冷蔵庫から出して常温にしておく。

3 2のポリ袋に卵と小麦粉を入れ、全体をもむようにしてよくなじませる。

4 鍋に深さ1cmほど揚げ油を入れ、160℃に熱し、3を入れる。衣がかたまるまで2分ほど揚げ焼きにする。返して裏面も同様に揚げ焼き、いったんとり出して5分ほどおく。

5 鍋の揚げかすをとって180℃に熱し、4をもどし入れる。30秒～1分、からっとするまで揚げて油を切り、器に盛る。お好みでくし形切りにしたレモンを添える。

おいしくなるコツ

- 油に小麦粉を少量入れ、少し沈んでから浮くと油の温度は160℃、小麦粉が沈まずに広がるのが180℃の目安。最後に高温でさっと揚げると、衣がからっとします。
- 作り方の4で、衣がべたっとしているうちに触ると衣がはがれる原因になります。

チキン南蛮

タルタルソースの
隠し味は粉チーズ！

材料（2人分）

鶏もも肉…300〜350g
かたくり粉…適量
塩…少々
ゆで卵…1個

A
- 玉ねぎ（みじん切り）…1/4個分
- 粉チーズ…大さじ1
- 酢…小さじ1
- 塩…小さじ1/4
- マヨネーズ…大さじ2
- あらびき黒こしょう…少々

B
- しょうゆ、酢…各大さじ2
- 砂糖…大さじ2

万能ねぎ（小口切り）…適量
サラダ油…適量

作り方

1 鶏肉は、冷蔵庫から出して常温にしておく。

2 鶏肉の余分な脂肪と皮を切り、筋を断ち切る。分厚い部分は切り込みを入れて、なるべく平らになるようにする（下記「おいしくなるコツ」参照）。

3 鶏肉の両面に塩を振り、かたくり粉を全体にしっかりまぶす。

4 フライパンの表面を覆うくらいの油を入れ、中火にかける。温まったら3を皮面から入れる。表裏それぞれ4分揚げ焼きにし、一度とり出す。

5 揚げ焼きしている間にゆで卵をマッシャーでつぶし、Aとまぜ合わせてタルタルソースを作る。

6 フライパンの中の油をふきとる。Bを入れて火にかける。煮立ったら火を止めて鶏肉をもどし入れてからめる。
＊照り焼きのように煮詰める必要はありません。

7 6を食べやすい大きさに切り、器に盛る。タルタルソースと万能ねぎをのせる。

おいしくなるコツ

鶏もも肉は常温にして、余分な脂肪と身からはみ出る皮を切りとります。また、筋を断ち切るように浅く切り込みを入れます。

1〜2㎝幅で浅い切り込みを入れて平らにすると、大きめの肉でも揚げ焼きでかりっと仕上げられます。

和風シチュー

材料（2人分）

鶏もも肉…300g
白菜…1/8個（300g）
しめじ…1/2パック
酒…40mℓ
小麦粉…大さじ3
バター…10g
牛乳…100mℓ

A
- 塩…小さじ1/4〜1/2（お好みで調整）
- 和風だしの素（顆粒）…小さじ1/2

サラダ油…小さじ1

作り方

1 白菜の芯はそぎ切りに、葉はざく切りにする。しめじは石づきをとってほぐす。鶏肉は一口大に切って塩（分量外）を振っておく。

2 フライパンに油を引き、中火で鶏肉に焼き色がつくまで両面を焼く。

3 2の鶏肉を端に寄せ、白菜を入れてフライパン全体に敷き詰める。鶏肉としめじを白菜の上に全体に散らばるようにのせる。

4 酒を回しかける。ふたをして弱火で10分蒸す。

5 小麦粉の半量を4に振り入れてまぜる。さらに残りを振り入れてまぜる。
*ダマ防止のため、小麦粉はなるべく水けのある部分を避けて入れる。

6 バターを入れてまぜる。牛乳は2〜3回に分けて注ぎ、そのつどまぜる。

7 とろみがついたら火を止め、Aを振り入れて味をととのえる。

おいしくなるコツ

白菜の上に鶏肉をのせると、白菜に鶏のうまみが移っておいしくなります。また、小麦粉と具をまぜてから牛乳を入れると、ダマになりにくくなります。

外はサクサク、
中はジューシー！

やわらかチキンカツ

材料（2人分）

鶏むね肉…250g
塩、こしょう…各少々
卵…1個
A［水…大さじ1
　 小麦粉…大さじ2
パン粉…30〜50g
サラダ油…適量

作り方

1 鶏肉は繊維を断つように、1㎝厚さの一口大に切る。包丁の背でたたき、塩、こしょうを振る。

2 ボウルに卵を割り入れてとき、Aをまぜ、1をつける。

3 ポリ袋にパン粉と2を入れて振る。

4 油を多めに引いたフライパンに3を並べる。

5 中火にかけ、鶏肉のまわりが白っぽくなったら返して1分ほど揚げ焼きにする。
*返すまでは触らない！

6 油を切って器に盛り、お好みでキャベツのせん切りなどを添え、中濃ソースをかける。

おいしくなるコツ

ポリ袋にパン粉を入れてしゃかしゃか振ると、手を汚さずにパン粉がつけられます。鶏肉を3〜4切れずつ入れると衣がつきやすくなります。

鶏もも肉の照り焼き

甘すぎないたれが
ごはんによく合う

材料（2人分）

鶏もも肉…300〜400g
塩…少々

A
- しょうゆ…大さじ2
- みりん…大さじ2
- 砂糖…小さじ2

おいしくなるコツ

たれをからめて味をつける料理ですが、焼く前に軽く塩を振って下味をつけておくと、味がぼやけずにおいしく食べられます。

作り方

1 鶏肉は、余分な脂肪と身からはみ出る皮を切りとり、筋を断ち切るように全体に浅く切り込みを入れる（p. 74おいしくなるコツ参照）。軟骨（白くて触るとかたい部分）もキッチンばさみでとり除く。

2 鶏肉の両面に塩を振る。

3 フライパンに油を引いて中火にかけ、皮を下にして2を焼く。肉の端が白くなってきたら返す。1分焼いたら、フライパンの余分な油をさっとふきとる。

4 Aを加え入れて煮立てる。Aにとろみが出てくるまで、鶏肉にしっかりからめる。

5 食べやすい大きさに切り、器に盛る。お好みで同じフライパンで焼いたししとうがらしを添え、残っているたれをかける。

鶏の揚げだし

こってりとさっぱりが同居する、
クセになるおいしさ

材料（2人分）

鶏もも肉…300g
なす…2本
塩…少々
かたくり粉…大さじ2

A
- しょうゆ…大さじ2
- みりん…大さじ2
- だし…150mℓ

万能ねぎ（小口切り）…適量
サラダ油…適量

作り方

1. なすはへたとおしりを切り落とし、縦半分に切る。皮に格子状に切り込みを入れて横3等分に切る。
2. 鶏肉は余分な脂肪と身からはみ出る皮を切りとり（p.74おいしくなるコツ参照）、食べやすい大きさに切る。塩を振り、かたくり粉を両面にまぶす。
3. フライパンに多めの油を引き、1を入れて両面に油をからめ、皮を下にして並べる。
4. 3をフライパンの半分に寄せる。あいたところに2を皮面を下にして並べたら火にかけ、こんがりと焼き色がつくまで焼く。鶏肉となすを返し、ふたをして弱火で3分焼く。
5. 小鍋にAを入れて軽く煮立たせる。
6. 器に4を盛り、5をかけて万能ねぎを散らす。

おいしくなるコツ

なすはフライパンの中で油を全体にからめてから焼くと、少ない油でもきれいに焼けます。

ぶり大根

黄金比率の
たれがおいしい

材料（2人分）

ぶり（切り身）…2切れ
大根…350〜400g
米…大さじ1

A
- 酒…100mℓ
- しょうゆ、みりん…各50mℓ
- 砂糖…大さじ1
- しょうが（薄切り）…1かけ分
- 水…100mℓ

小松菜…1株

おいしくなるコツ

ぶりに熱湯をかけることで、くさみをとり、煮くずれしにくくなります。また、大根はあらかじめゆでておくと、短い時間で煮ても味が入りやすくなります。

作り方

1. 大根は皮をむいて2cm厚さの半月切りにする。鍋に水（分量外）と大根と米を入れて中火にかける。煮立ったら弱火にして20〜30分、串がすっと通るまで煮る。
2. 小松菜は食べやすい長さに切る。
3. ぶりは食べやすい大きさに切り、表面が白っぽくなるまで熱湯をやさしく回しかける。
4. フライパンに1と3、Aを入れて中火にかける。煮立ったら弱火にして落としぶたをし、15分煮る。途中、2を入れて1分ほど煮てとり出す。
   *7分くらいたったときに大根を返すと全体に味がしみる。
5. 器にぶり、大根、小松菜を盛り、煮汁をかける。

たらのカレー粉竜田

材料（2人分）

真だら（切り身）…2切れ

A
- 酒…大さじ2
- しょうゆ…大さじ1
- おろししょうが…小さじ1/2
- カレー粉…小さじ1

かたくり粉…大さじ3

揚げ油…適量（小鍋に高さ1cmほどの量でOK）

作り方

1 たらは骨があればとり除き、一口大に切る。Aをまぜ、たらを10分ほどつけ込む。

2 1のつけ汁を切り、かたくり粉をまぶす。

3 鍋に1cmほど油を入れて180℃に熱し、2を揚げる。

＊油にかたくり粉を少量入れ、沈まずに広がると180℃になった目安。

4 油につかっている面を箸でつついてみて、かたくり粉が箸につかなければ返す。両面で合計4分ほど揚げる。

5 器に盛り、お好みで青じそ、レモンのくし形切りを添える。

おいしくなるコツ

酒、しょうが、カレー粉でたらの頑固なくさみを消しつつ、淡泊なたらに味のニュアンスをプラスします。

甘いほたてを
さっぱり味で

ほたての塩レモン焼き

材料（2人分）

ほたて（冷凍）…200g
長ねぎ…10㎝
酒…大さじ3
塩…1g
レモン…1/8個
サラダ油…小さじ1

作り方

1 ほたては解凍して塩（分量外）を振る（解凍した際に出た汁はとっておく）。長ねぎはあらみじん切りにする。

2 フライパンに油を引いて中火にかけ、ほたてに焼き色がついたら返し、さっと焼いたらとり出す。

3 同じフライパンに1の長ねぎと酒、1で出た汁を入れ、弱火で加熱する。フライパンの焦げをとかすようにまぜる。

4 長ねぎがしんなりしたら、塩を入れてレモンをしぼり、味をととのえる。

5 2を器に盛り、4をかけてお好みで薄いいちょう切りにしたレモンを飾り、あらびき黒こしょうを振る。

おいしくなるコツ

ほたてを焼くとうっすらとした焦げがフライパンに残りますが、そこにはうまみが残っているので、そのまま使います。ほたては焼きすぎると縮みます。生でも食べられるので片面だけ焼き色がつくくらいでOK。

和風えびマヨ

材料（2人分）

むきえび…200g
アボカド…1個
レモン汁…少々
酒…大さじ1
塩…少々
小麦粉、かたくり粉…各大さじ2
A しょうゆ…小さじ1
A 砂糖…小さじ1½
A マヨネーズ…大さじ2
サラダ油…適量

作り方

1 えびは背わたがあればとる。アボカドは一口大に切ってレモン汁を振りかける。

2 ボウルにえびを入れ、酒、塩を振る。小麦粉とかたくり粉を入れてさっくりまぜる

3 フライパンに少し多めの油を引き、えびを両面揚げ焼きにする。両面ともかりっとしてきたらとり出して油を切る。

4 別のボウルにAをまぜ合わせる。1のアボカドと3を入れてあえる。

5 器に盛り、お好みで糸とうがらしをのせる。

おいしくなるコツ

冷凍えびを使う場合は、塩分3%の食塩水につけて解凍すると、焼いたときに身が縮みにくくなり、プリッとした仕上がりになります。

だし巻き卵

材料（2人分）

卵…2個

A
- 和風だしの素（顆粒）…少々（指2本でつまめる程度）
- 白だし…小さじ1
- 水…大さじ1

サラダ油…大さじ1

おいしくなるコツ

焼き色がつく前に巻くと、ふんわりジューシーなだし巻き卵になります。最初はむずかしいかもしれませんが、練習あるのみです！

作り方

1. ボウルに卵を割り入れてとく。Aを入れてしっかりまぜる。
   卵焼き器に油を引き、中火にかけて熱々にする。
   ＊箸に卵液を少しつけてフライパンをさっとなぞり、一瞬で固まったらOK。
2. 卵液の1/3を流し入れる（卵焼き器の底が見えなくなる程度）。表面が半熟になったら奥から手前に巻く。
3. 巻いた卵を奥に滑らし、手前に卵液を流し入れて同じように巻く。卵液がなくなるまで続ける。
4. 巻き終わったらすぐに火を止め、まな板に卵焼きを置く。
5. ラップやふきんで包み、形を整える（熱いので注意を！）。
6. ラップをはずし、食べやすい大きさに切り、器に盛る。

プルプルの
仕上がりに

鍋で作れる茶碗蒸し

材料（3～4個分）

卵…2個
しいたけ…1個
三つ葉…少々
かに風味かまぼこ…2～3本
だし…300mℓ
白だし…大さじ1½

おいしくなるコツ

鍋で作る場合は卵液の温度が上がりやすいので、ふきんを敷かないと、熱が伝わりすぎて「す」が入りやすくなります。最後は余熱でゆっくり火を通します。余力があれば鶏肉やえびを入れてもおいしいです。生のまま小さめに切って3の工程で入れればOKです。

作り方

1 かに風味かまぼこは食べやすい大きさに手でさく。しいたけは軸をとって薄切りにする。三つ葉は葉を6～8枚残し、1cm長さに切る。

2 ボウルに卵を割り入れ、だし、白だしを入れる。しっかりまぜ合わせたらざるでこす。

3 茶碗蒸しの容器に三つ葉の葉以外の1を入れ、2を注ぐ。アルミホイルで容器にふたをする。

4 鍋底にふきんを敷き、3を並べて器の半分の高さまで水を入れる。

5 中火にかけ、煮立ったらごく弱火にする。ふたをしてすこしずらし、8分蒸す。火を止め、ふたをしめて8分おく。

6 容器を軽くゆすり、かたまっていれば完成。まだかたまっていないようなら、ふたをしてごく弱火で2～3分蒸す。最後に三つ葉の葉を飾る。

和風麻婆豆腐

材料（2人分）

絹ごし豆腐…1丁（300g）
豚ひき肉…150g
長ねぎ…10㎝
おろしにんにく、
　おろししょうが…各小さじ1

A
- だし…200㎖
- しょうゆ…小さじ1
- みりん…大さじ1
- みそ…大さじ1

かたくり粉…大さじ1
サラダ油…小さじ1

作り方

1 長ねぎはみじん切りにする。豆腐は2㎝の角切りにする。

2 フライパンに油を引き、1のねぎとおろしにんにく、おろししょうがを入れて弱火にかける。

3 にんにくの香りが出てきたらひき肉を加え、中火にして色が変わるまでいためる。

4 Aと1の豆腐を加え入れて5分ほど中火で煮る

5 かたくり粉を大さじ2の水（材料外）でとき入れて、とろみをつける。

6 器に盛り、お好みで小口切りにした万能ねぎや糸とうがらしをのせる。

やさしく
ほっとする味

おいしくなるコツ

子どもでも食べられるよう、辛さのない味に仕上げています。辛みがほしい場合は、仕上げに七味とうがらしやラー油をかけてください。

揚げ出し豆腐

おうちで作れば
おいしさ倍増！

材料

木綿豆腐…1丁（300g）
かたくり粉（豆腐用）…適量
にんじん…3cm
しいたけ…2個

A
- だし…200mℓ
- しょうゆ…大さじ1½
- みりん…大さじ1

B
- かたくり粉…小さじ1
- 水…小さじ2

万能ねぎ（小口切り）…適量
サラダ油…適量

作り方

1 豆腐はパックに水切り穴をあけて立て、10分おいて水切りをする。

2 にんじんは細切り、しいたけは軸をとって薄切りにする。

3 小鍋にAを入れて煮立てる。2を入れて弱火にし、2〜3分煮る。Bをとき入れてとろみをつける。

4 別の鍋に1cmほど油を入れて火にかけ、160℃に温める。
＊油にかたくり粉を少量入れ、少し沈んでから浮くのが160℃の目安。

5 豆腐を食べやすい大きさ（6〜8等分）に切る。全面にかたくり粉をまぶし、すぐに油に入れて揚げる。

6 3分ほど揚げてかりっとしてきたら、返してもう3分ほど揚げる。とり出して油を切る。
＊箸の先で少し触れてみて、衣のかたさを感じたらかたい部分をつかんで返す。

7 器に盛り、3をかけて万能ねぎを散らす。

おいしくなるコツ

豆腐の水は切りすぎないほうがジューシーな仕上がりに。豆腐にかたくり粉をつけたら、すぐに揚げないと衣がもったりします。衣がはがれないようにするには、油に入れたら衣がかたまるまで触らないこと！

あさりとわかめのみそ汁

だし不要！
あさりのうまみを
堪能しよう

材料（2人分）

あさり（殻つき）…200g
カットわかめ（乾燥）…小さじ1
水…300㎖
みそ…大さじ2
万能ねぎ（小口切り）…1本分

作り方

1 あさりをこすり合わせて洗い、3%濃度の塩水（材料外）に1時間ほどつけて砂抜きしておく。

2 鍋に1のあさりと水を入れ火にかける。煮立ったら弱火にしてあさりの口が開いてきたらアクをとる。わかめを入れてひと煮立ちさせる。

3 みそをとき入れ、火を止める。

4 器に盛り、万能ねぎを散らす。

小松菜とじゃがいものみそ汁

味も歯ごたえも
おいしすぎる組み合わせ

材料（2人分）

小松菜…1/3束
じゃがいも…1個
だし…300㎖
みそ …大さじ2

作り方

1 じゃがいもは5㎜幅の半月切りにする。小松菜は3㎝長さに切る。

2 鍋にだしとじゃがいもを入れ、火にかける。

3 煮立ったら弱火にし、じゃがいもがやわらかくなるまで煮る。

4 小松菜を加え2分ほど煮る。

5 みそをとき入れて火を止める。

キャベツと玉ねぎのだしいらずみそ汁

野菜の甘みを
味わう

材料（2人分）

キャベツ…50g
玉ねぎ…40g
にんじん…20g
水…300㎖
みそ…大さじ2

作り方

1 キャベツは食べやすい大きさに切る。玉ねぎはくし形切りにする。にんじんは1㎝角の色紙切りにする。

2 鍋に水と1を入れ火にかける。煮立ったら弱火にし、ふたをして10分煮る。

3 みそをとき入れ、火を止める。

毎日食べたい

おいしい みそ汁

小松菜とじゃがいものみそ汁

あさりとわかめのみそ汁

キャベツと玉ねぎのだしいらずみそ汁

おいしくなるコツ

- 鍋にだしを入れ、火の通りにくい根菜類（大根、にんじん、じゃがいもなど）を入れてから火にかけます。
- みそを入れたら煮立つ前に火を止めて。火を止めてから入れるのでもOKです。みそを入れたまま沸騰させると、みその香りが飛び、全体が白っぽくなってしまいます。

うまみを
ゆっくりしみ込ませた
格別な味

手羽先おでん

材料（2～3人分）

鶏手羽先…6～8本
大根…1/3本
ちくわ…2～3本
結び糸こんにゃく…6個
（結びしらたきでもOK）
ゆで卵…4個
昆布…5g
だしパック（粉末）…1袋

A
- しょうゆ…大さじ2
- みりん…大さじ2
- オイスターソース…大さじ1
- 水…500mℓ

作り方

1 手羽先に塩少々（材料外）を振る。大根は皮を厚めにむいて2cm厚さの輪切りにする。片面に十字の切り込みを入れる。ちくわは半分の斜め切りにする。糸こんにゃくはさっと下ゆでする。

2 鍋に1とゆで卵、昆布、だしパックを入れ、Aを注ぐ。中火にかけて煮立ってきたら、弱火にして30分煮る。

3 昆布はやわらかくなったらとり出す。細長く切って結び目を作り（結び昆布）、鍋にもどす。大根がやわらかくなったら完成。

おいしくなるコツ

おでんは煮る時間が長いので、大根は2cm程度の厚さであればだしでそのまま煮ても大丈夫です。大根のえぐみが苦手な方は、だしで煮る前に、米を大さじ1入れて20分ほど下ゆでしてください。

さば缶タコライス

10分でできる

材料（2人分）

さば缶（水煮）…1缶
玉ねぎ…1/4個
トマト…1/2個
おろしにんにく、おろししょうが…各小さじ1
カレールー（市販・刻む）…1かけ分
トマトケチャップ…大さじ3
温かいごはん…茶碗2杯分
ベビーリーフ…適量
サラダ油…小さじ1

作り方

1 玉ねぎはみじん切り、トマトは1cm角に切る。
2 フライパンに油を引き、しょうがとにんにくを入れ、1の中火で玉ねぎをいためる。
3 玉ねぎがしんなりしたらさば缶を汁ごと全部入れる。
4 さばをつぶしながら、水分を飛ばすようにいためる。
5 カレールーとケチャップを入れ、全体がなじむようさっとまぜる。
6 器にごはんを盛り、5をのせる。ベビーリーフとトマトを散らし、お好みで粉チーズをかける。

おいしくなるコツ

カレールーがくさみをカバーしてくれるので、魚が苦手な方も食べやすくなります。さば缶でパパッと作れるので、手軽に魚をとりたい方にもおすすめです。

和風カレー

材料（2～3人分）

豚バラ薄切り肉…200g
にんじん…1/2本
長ねぎ…1/2本
油揚げ…1枚
小麦粉…大さじ2
カレー粉…大さじ1½
昆布…5g
和風だしの素（顆粒）…小さじ2
水…500㎖
しょうゆ…大さじ2
みりん…大さじ2
サラダ油…小さじ1

作り方

1 豚肉は一口大に切る。にんじんは乱切り、長ねぎは斜め切り、油揚げは短冊切りにする。

2 鍋に油を引き、1をいためる。

3 肉の色が変わったら小麦粉とカレー粉を入れてまぜる。水の半量を注いでまぜ、残りの半量を注いでさらにまぜる。

4 昆布、だしの素を入れて弱火で20分煮る。とろみがついたらしょうゆとみりんを入れて完成。

5 器に温かいごはん（材料外）を盛り、4をかける。

だしの効いた味がごはんに合う！

おいしくなるコツ

和風だしの効いた、いわゆる「蕎麦屋にあるカレー」です。だしの味が濃いほうがそれっぽくなるので、うまみの強い和風だしの素をおすすめします。